南社史料輯存

張夷 主編

南社社友錄
（一）

郭建鵬 陳穎 編著

上海大學出版社

圖書在版編目（CIP）數據

南社社友錄/郭建鵬，陳穎 編著. 上海：上海大學出版社，2017.3
（南社史料輯存/張夷主編）
ISBN 978-7-5671-2525-4
Ⅰ. ①南… Ⅱ. ①郭… ②陳… Ⅲ. ①南社—作家—生平事跡 Ⅳ. ① I207. 23②K825.6
中國版本圖書館CIP數據核字（2016）第240202號

本書爲上海文化發展基金會圖書出版專項基金資助項目

責任編輯　鄒西禮
封面設計　柯國富
技術編輯　胡月華
封面篆刻　徐惠馨

南社社友錄

編　著　郭建鵬　陳穎

資料提供　中國南社文史資料研究館
出版發行　上海大學出版社
社　　址　上海市上大路99號
郵政編碼　200444
網　　址　http://www.press.shu.edu.cn
發行熱線　021-66135112
出 版 人　戴駿豪

印　　刷　江蘇蘇中印刷有限公司
經　　銷　各地新華書店
開　　本　710×1000　1/16
印　　張　142.75
字　　數　2855 千字
版　　次　2017年6月第一版
印　　次　2017年6月第一次印刷
定　　價　980 圓
書　　號　ISBN 978-7-5671-2525-4/K・153

《南社史料輯存》編委會

顧問　周和平　楊天石　張　炯
　　　王　飆　吳先寧　郭純生
主編　張　夷
編委　郭建鵬　陳　穎　高　紅
　　　孫　俊　郭長海　朱一吟
　　　黃曉彥

《南社社友錄》編委會

主編　張　夷
編著　郭建鵬　陳　穎
資料　高　紅　孫　俊　郭長海
　　　高　丹

出版說明

　　南社是一個曾經影響過中國近現代歷史進程的革命團體。這個誕生於清代末年的社團,自成立伊始,以賡續晚明時期提倡氣節的幾社、復社之風流相號召,帶有鮮明的民主革命性。他們中的許多成員,早年參加中國同盟會,追隨革命先行者孫中山先生左右,或領導、或參與,響應了辛亥革命、二次革命、護國運動、護法運動以及新文化運動等歷次反帝反封建的鬥爭,是近代歷史的直接參與者和書寫者。因此,研究中國近現代史,南社社員及其活動是無法繞開的問題。

　　同時,南社又是一個曾經在中國近現代文學史上綻放異彩、影響深遠的文化團體。在成立之初的南社條例中,即規定入社者須"品行文學兩優","社友須不時寄稿本社,以待匯刊";一九一四年三月第十次雅集時,於條例修改稿中更是明確規定"本社以研究文學、提倡氣節爲宗旨"。在這樣的宗旨感召下,當時雅好文學的各界精英幾乎均被網羅到南社當中,社員達到一千餘人。除了皇皇二十四集《南社叢刻》以及各人另有多寡不等的單行著作外,當時由國人在海內外編輯出版的各種報刊雜誌,也大多由南社社友主持筆政,屬於南社的"地盤",以致柳亞子曾不無自豪地開玩笑說:"請看今日之域中,竟是南社的天下。"因此,研究中國近現代文學,同樣繞不開南社人及其文學創作。

　　這樣一個曾經產生過重要歷史影響、代表中國當時先進文化的革命文學團體,在一個不短的時期,卻一直處於被冷落、被湮沒的境地——有關南社的史料乏人問津,關於南社的研究也廖若晨星。導致這種境況的原因比較複雜，當然自有其歷史的合理性；但總體上南社人提倡氣節的高尚情操、闡揚國魂的愛國情懷、光大中華傳統文化的民族認同，無論如何都不會過時，時至今日，仍然值得昭揭弘揚。基於這樣的認識，在中國南社與柳亞子研究會諸位專家的指導下，我們攜手中國南社研究聯合總秘書處，決定從基礎的文獻整理與史料發掘做起，除組織出版《珍本南社舊著叢刊》之外，再推出這套《南社史料輯存》，以期爲南社研究提供第一手的資料。

《南社史料輯存》先期推出《南社社友錄》與首版柳亞子《南社紀略》兩種圖書。前者以南社社友入社之初填寫的原始登記檔案——《南社入社書》爲基礎，結合柳亞子《南社紀略》所附《南社社友姓氏錄》以及陳去病《南社雜佩》等資料，全面考訂、梳理了一千一百餘位南社社員的生平履歷，另附有新南社社友名錄、南社湘集社友名錄、南社廣東分社社友名錄、南社歷次雅集參加者名錄、南社紀念會參加者名錄以及南社社友參加社團名錄等資料，同時附以現存全部《南社入社書》影印件以及部分社友肖像，是迄今爲止關於南社社員信息最爲翔實可靠的資料。後者是對柳亞子《南社紀略》首版的影印。此書較爲詳盡地記述了南社從醞釀、成立、興盛以至解體的過程，列出了南社歷次雅集到會者的名單，記錄了《南社叢刻》的編輯出版情況，並附有南社及新南社諸社員名錄，是記述南社歷史的開山之作。由於著者柳亞子是南社的發起人之一，同時又是南社的靈魂人物，書中所記皆其親歷，因而史料價值極高，歷來被認爲是研究南社歷史的權威之作。此書由開華書局首版於一九四〇年，如今已存世無多，且限於抗戰時期的印製條件，存世此書紙張粗劣、字跡模糊，堪稱瀕危文獻，故此次影印出版，亦屬搶救性保護之舉。以上兩種珍貴史料，對於推動中國近代史以及近代文學的研究來說，具有無可替代的重要價值。

一九二二年創立的上海大學，其首任校長于右任、副校長邵力子以及教務長葉楚傖、學務長陳望道等先生，均爲南社社友，且均具有重要歷史影響。作爲新時期的上海大學所屬的出版社，承擔有關南社文獻整理、出版的任務，我們深感責任重大，自然有義務將這項工作做好，爲促進南社研究做出應有的貢獻。

史料的發掘與整理是一項艱巨而複雜的工作，需要"上窮碧落下黃泉"地廣蒐博徵、明察秋毫地細細考辨以及持之以恒地不斷積纍。繼此《南社社友錄》與首版柳亞子《南社紀略》之後，我們將在叢書顧問以及南社與柳亞子研究會諸專家的指導下，在中國南社研究聯合總秘書處的大力支持與密切配合下，繼續發掘、整理有價值的相關文獻，充實到《南社史料輯存》中適時出版，以期對弘揚祖國優秀文化、促進相關學術研究有所助益。

上海大學出版社
二〇一六年十一月

序 一

楊天石

　　復社是晚明時期以蘇州爲中心、以江南士大夫爲主體的文化和政治團體，創辦人爲太倉人張溥、張采。該社成員吳應箕（次尾）編有《復社姓氏錄》2卷，按地區列出成員的姓名和字號，共著錄2240人；其後人吳山嘉在其基礎上編輯《復社姓氏傳略》10卷，輯錄成員生平，著錄1200餘人。兩書均爲研究復社的重要史料。

　　南社是清末、民國時期成立於蘇州，以上海爲主要活動中心的文學社團，發起人爲陳去病、高旭、柳亞子。它以繼承復社風流相號召，但其成員已和中國傳統的士大夫不同，而是戊戌維新以後出現的新型知識分子。柳亞子爲社友之間聯繫方便，自1911年起，以南社書記部名義編印《南社社友通訊錄》，後仿《復社姓氏錄》之例，編印《南社姓氏錄》。由于社務不斷發展，社友不斷增加，《通訊錄》《姓氏錄》之類的資料亦不斷修訂。現依所知，按時序擇要排列如下：

　　《南社社友通信錄》，1911年2月（夏曆正月），42頁。著錄社友193人。

　　《南社社友第二次通訊錄》，1911年8月，50頁，著錄社友228人。

　　《南社通訊錄》（第三次修訂本），1912年5月，62頁，李叔同題字、設計圖案，著錄社友321人。

　　《南社社友姓氏錄》，1913年4月，78頁，著錄社友403人。

　　《重訂南社姓氏錄》，1916年11月，李叔同題簽，著錄社友825人。

　　《南社社友姓氏錄》，1940年上海開華書局版《南社紀略》附錄，著錄社友1183人（按柳亞子記，已填入社書者1110人，未填入社書者73人。現據國家圖書館館藏《南社入社書》統計，實際填表者1104人，另有6份爲重複）。

　　在上述資料中，1940年開華書局版晚出，就名錄角度考察，最爲完整；但是，該錄僅列姓名、字號、籍貫和入社書序號，而不列入社時間以及介紹人等重要欄目，使用時頗覺不足；這就要求助於《南社入社書》。

　　《南社入社書》創設於1910年10月29日。柳亞子在《南社紀略》一書中說："入社書那東西，好像最初是沒有的，到張園雅集以後才決議補填。但巢南似乎很反對，所以他自己的入社書終不肯親筆填寫，現在所保留的還是我替他代填的呢。天梅是和他夫人何亞希女士填在一張紙上面的，所以我的名次，不得不退而爲第四位了。"現存《南社入社書》大部分均由本人親筆填寫，有姓名、年歲、籍貫、居址、通訊處、介紹人、填表年月等欄目，其功用可就大了。例如，可以觀賞書法手跡，考知入社時間、人際關係、職業、教育、社務發展等情況，對於研究者說來，都相當重要。

《南社入社書》長期由柳亞子珍藏，後歸國家圖書館善本部保管，分訂11巨冊。20世紀70年代，我編輯《南社史長編》時，曾將部分資料採入該書，並將黃興、宋漁父（教仁）、黃質（賓虹）、釋曼殊、馬君武的入社書作爲插圖，置於書首。前些年，張夷先生到北京收集資料，我們一起拜會國家圖書館館長周和平先生，蒙他慨允全部攝影，我們當時真是大喜過望！現在上海大學出版社將其全部影印，作爲《南社社友錄》的一部分公之於世，我想，這對於近代文學史和近代史的研究者說來，都是喜訊。

中國有句成語，叫"慧眼識珠"。善於運用資料的學者一定能從尋常處發現不平常，找到自己所需要的東西。多年前，近代史學者沈元研究漢代的兒童讀物《急就篇》，由此寫出了震驚史壇的宏文，焉知無人能根據《南社社友錄》一類資料，寫出具有啟人智慧的佳作呢！

2016年9月寫於北京東城之書滿爲患齋

序 二

王 飆

　　張夷主編的《南社史料輯存》之一《南社社友錄》（郭建鵬、陳穎編著）由上海大學出版社出版，《南社社友錄》輯撰了南社、南社分社、新南社、南社紀念會的成員名錄和部分社友小傳，其中最有文獻價值的當屬《南社入社書》。這1100餘份百年以前南社人的原始檔案，得以公之於世，聞之欣然；而欣然之餘，卻又頗有些感慨。

　　恩格斯在談到文藝復興時，曾說那是一個產生了"在思維能力、熱情和性格方面，在多才多藝和學識淵博方面的巨人的時代。給現代資產階級統治打下基礎的人物，決不受資產階級的局限。""那時，差不多沒有一個著名人物不曾作過長途旅行，不會講四五種語言，不在幾個專業上放射光芒。""他們幾乎全都處在時代運動中，在實際鬥爭中生活着和活動着，站在這一方面或者哪一方面進行鬥爭。一些人用舌和筆，一些人用劍，一些人則兩者並用"（《〈自然辯證法〉序言》）。

　　每當讀到這段話，我就想到南社，想起南社那一代人。遙隔百年，我們仍然能從斑駁的歷史遺跡和厚重的書頁詩行中，感受到他們如火迸發的愛國熱情，前仆後繼的堅定性格，驚歎他們的"多才多藝和學識淵博"，"在幾個專業上放射光芒"。他們曾越洋跨海，去尋求救國真理，更在祖國各地長途奔波，傳播革命火種。他們"幾乎全都處在時代運動中，在實際鬥爭中生活着和活動着"，用舌和筆鼓動世紀風潮；而當風暴怒起的時候，他們拿起過槍！

　　他們，屬於20世紀初第一代中國夢的尋夢者。在他們身上，可以發現當代中國夢追夢者的遺傳基因，當然，也可能包括基因缺損。

　　這就是我們成立學會、研究南社的原因。研究南社，一定程度上是認識我們自己。所以，我一直認為南社研究不應該拘泥於這個社團的活動，18次雅集，24本《叢刻》，盡矣；南社研究的價值和意義在於人——南社人物，在於研究那一代人。然而困難卻也在於此：南社人太多，涉及面太廣，太複雜，變化太大；而且，被沉埋的太久，史料太缺乏。所以，從2005年我接手南社與柳亞子研究會工作以來，2007年紀念南社發起100週年蘇州、金山會議，

2009年紀念南社成立百年蘇州會議，2011年討論南社與辛亥革命昆明會議，2012年首屆中華南社學壇周莊會議，2014年紀念南社北京雅集65週年北京會議，我們都強調要重視史料的搶救性發掘。《周莊宣言》把"多管道發掘、整理南社文獻"列爲學壇首項目標，這是我們的共識。《南社史料輯存》的出版，就是最新的成果，值得我們總結：史料建設怎樣才能進展？

想來還是老話：一曰天時。

南社史料是有基礎的。對南社史料文獻，以柳亞子用情最深、蒐集最久、積存最豐。這些南社社友的入社書，也是他收納、整理，並裝訂成11巨冊（精裝10冊、平裝1冊）。新中國成立後，他把這些耗費幾十年心血搜羅、經歷了戰亂和顛沛才保留下來的珍貴資料，連同他的幾萬冊藏書，統統先後捐獻給了國家。1950年秋，柳亞子把北長街"上天入地之廬"（毛澤東題額）所藏南明史料和南社文獻捐贈給北京圖書館。南社入社書入藏國家圖書館應該就在此時，算來已經66年了！此外，1950年冬，他又把留存在故鄉黎里和上海的4萬餘冊古籍、輯抄鄉邦文獻稿本、近代期刊圖書和400餘包親友往來書札捐送上海圖書館。他逝世後，鄭佩宜夫人又遵有關方面請求和柳亞子遺願，將其文稿和與近代名人相關的文物函件6000餘件損獻革命博物館（今國家博物館）；把與江蘇、吳江相關的古籍贈江蘇省文聯（後轉南京圖書館），等等。顯然，柳亞子是希望這些資料能在新中國的文化建設中發揮作用，尤其是，他希望、或者相信會有人運用這些資料對南社進行更深入的研究和評價。恐怕他沒有想到，這些史料會在其受贈地被塵封了至少30年，有些可能是60多年即至今還沒有開放或被開發出來。不需要更多證據，只要查一查前30年有關南社的著作、論文乃至一般文章，幾乎沒有引用或者提到南社入社書原件的。

當然不能歸咎於管理者不重視或者研究者沒水準。2009年，我在爲吳江日報社《不可磨滅的記憶——百年南社後裔尋訪》一書所作序言中，說過這樣一段話："有一個時期，一個不短的時期，南社即使沒有被完全遺忘，也被冷落、淡漠了。……在極'左'思潮膨脹的年代，南社作爲'資產階級舊民主主義'的產物，在'興無滅資'的聲浪中被湮沒是不奇怪的。而湮沒所造成的影響，有時比'批判'更長久。很多人不知道有個南社，不知道南社中有這麼多的傑出人物；或者熟知一些人物的大名，卻不知道他曾經加入南社，甚至在南社的誕生地，還有南社社員的後裔。由於可想而知的原因，其中也有一些人曾經受到不公正待遇，甚至不敢提到自己的先人。"在南社本身被湮沒、一段歷史和一個群體幾乎被虛無掉的時期，有關南社的史料乏人問津，或者不敢問津，就更不奇怪了。

直到近30多年改革開放時期，南社和南社研究才穿出歷史隧道，尤其是近10年，南社學才開始提速運行。我想，不需要再印證文件、講話來證明"天時"已備，《南社社友錄》出版本身就折射出近30多年來中國社會和文化領域的變化與進步。

二曰地利。

"地利"不僅僅指經濟基礎，還包括與南社研究有關各方的支持。

這一點，我們是有體會的。對於南社入社書，中國社會科學院文學研究所近代室的學者並不陌生，20世紀70年代末、80年代初就發現北京圖書館藏有南社入社書，以及《南社叢刻》23、24集未刊稿等珍貴資料，並且查閱、運用過這些資料；90年代初編撰《中國文學家大辭典·近代卷》時，就依據入社書確定了多位南社作家的生卒年和生平。梁淑安《南社戲劇誌》中還單列一節《〈南社入社書〉中有關近代曲家的重要資料》，根據入社書考證了高增、洪炳文、陳蝶仙、鄒銓、陳家鼎、龐樹柏等十幾位南社劇作家，糾正了一些相沿已久的錯誤。我編撰《中華文學通史》近代卷關於詩界革命和南社章節時，也去北圖查過入社書。如梁啟超《飲冰室詩話》幾處稱讚一位青年詩人蔣萬里，甚至推許他幾追黃遵憲；而蔣萬里籍籍無名，沒有任何資料。後來從《南社紀略》和入社書查明，此人就是南社社友振素庵主蔣同超，從而第一次把他列為詩界革命回應者的代表詩人寫進文學史。但是，我們都是根據課題需要查閱，並非專門研究入社書。近代文學學界對南社入社書做過比較完全、系統考察的，就我所知，長春師範學院（今長春師大）郭長海教授是一個。但且不說那時是在沒有複印、拍照、電腦錄入條件下進行，全憑手抄，關鍵是不能形成最終成果。我們曾議論整理出版這些史料，但牽涉版權、經費、出版等問題，在十多年前都是很難解決的。正因為此，2012年國家圖書館周和平館長破例准許將整套南社入社書拍成數碼相片，此次上海大學出版社承擔影印出版，理當獲得研究者和後裔們的讚賞感激。

2016年，"南社文獻集成與研究"列入國家社會科學基金重大科研項目，這對南社研究和史料建設將是很大的推動。

其三，人和，就南社研究而言有特殊含義。

南社研究隊伍，不像其他學科那樣完全由科研人員組成，而包括三方面軍：高校和科研單位的學者、南社社友後裔、非科研機構研究者。《南社社友錄》

的編撰就體現了這個特色。主編張夷是陳去病外孫,他的策劃組織能力在近年南研會活動中充分顯示。編撰者郭建鵬,長春師大博士生,也是郭長海的學生,繼承了老師勤奮治學之長;陳穎,陳陶遺後人,則在上海圖書館近代文獻部工作。《南社社友錄》的三位編撰者,上承南研會前輩,遙繼南社先賢,又具備三方面隊伍配合的特點。我想,這個特點我們會保持下去,因爲各界人士匯合、多方面人才聚集,本來就是南社的特點,也是南社與柳亞子研究會創建伊始就顯現的特點。

2012年,我在爲《南社文化書系》第一種《江陰與南社》初版所作序言《綿延不絕南社情》中曾提出:"南社文化經歷了幾個發展階段,在南社時期、新南社時期、南社紀念會時期之後,現在也許可以說到了'南社研究會'時期。"《南社社友錄》提供了南社-新南社-南社紀念會相繼傳承的"世系族譜",我想可以爲這本書再增添一份名錄——中國南社與柳亞子研究會創建者名錄:

1988年《中國南社與柳亞子研究會徵求發起人的倡議函》倡議人:
劉海粟 臧克家 鍾敬文 黃苗子 端木蕻良 尹瘦石 金紹先 傅學文
經普椿 袁曉園 沈　譜 馬克強 楊小佛 郁　風 柳無非

1989年列名《成立中國南社與柳亞子研究會發起書》的發起人:
周谷城 費孝通 屈　武 錢昌照 趙樸初 胡　繩 薩空了 程思遠
侯鏡如 平傑三 高　天 千家駒 彭清源 傅學文 安子介 王　衡
周　穎 葉至善 楊蔭東 沈求我 張紀域 袁曉園 王定國 王　奇
金紹先 巴　金 夏　衍 吳作人 劉開渠 艾　青 尹瘦石 劉海粟
黃苗子 鍾敬文 臧克家 端木蕻良 李一氓 許寶騤 愛潑斯坦
錢仲聯 季鎮淮 任訪秋 鄭逸梅 李　新 李　侃 陳邇冬 鄒荻帆
譚文瑞 陸文夫 唐達成 馮英子 范　用 倪子明 周　侗 翟曖暉
李子誦 徐四民 曾敏之 戴文葆 黃　乃 黃偉民 葉　元 陳省身
經普椿 馬克強 沈　譜 劉佛年 譚其驤 唐長孺 郁　風 胡道靜
楊小佛 朱　青 陳　礫 沈立人 成幼殊 周秉德 鄭　重 鄭師拙
姚昆田 高　銛 陳達力 徐文烈 徐孝穆 沈哂之 柳無忌 柳無非
馬良春 胡繩武 唐振常 趙令揚 張　磊 管　林 鄧紹基 郭延禮
王俊年 魏紹昌 曹美成 曹立庵 張圻富 張憲文 陳漱渝 陳則光
陳　炎 吳泰昌 尚傳道 孔凡章 洪任吾 涂月僧 陳鐵健 方靖四
萬　岡 馬以君 王　飆 王衛民 王廣西 王立興 王杏根 王學莊

王祖獻　王繼權　王晶垚　王鎮遠　牛仰山　丘鑄昌　關愛和　孫　靜
紀秋暉　楊天石　邵迎武　張　中　張小曼　張正吾　張永芳　張俊才
連燕堂　陳　銘　陳公正　李立新　林　崗　鄭方澤　周永珍　周永琴
趙慎修　鍾賢培　姚柯夫　姚錫佩　姜東賦　黃　霖　梁淑安　曾慶全
曾景忠　熊羅生　裴效維　顏延亮

其中打方框的，是前此署名而發起書公佈時已遽歸道山的前輩。如果按2016年已不在世者標示，那這份名錄將會令人非常感傷的。

好在，南研事業後繼有人，《南社史料輯存・南社社友錄》的出版，就是明證。

那麼，我就借陳去病《笠澤詞徵自敘》結尾的話，結束這篇序吧：

"我邦人諸友，大夫君子，誠欲考往哲之遺風，續枌榆之盛業，其詳覽之，庶無訾已。"

2016年10月於中國社會科學院文學研究所

序三

張　夷

　　南社入社書原件自柳亞子捐贈國家後，由國家圖書館收藏，一直處在未開放閲覽狀態。關於入社書的資訊最早見於1940年開華書局出版的柳亞子《南社紀略》，該書後附有柳亞子編製，高爾松、高爾柏昆季主持重訂的《南社社友姓氏錄》，這也是最爲完整的社友錄編輯本。該《姓氏錄》按姓氏筆畫排序，爲讀者提供了社友姓氏、籍貫、入社號等資訊，因編輯者的問題，出現了一些錯訛之處。而後，在楊天石、王學莊編著的《南社史長編》中出現了較爲具體的社友入社時間、介紹人等，但這些資訊是按時間出現在書裏，而且沒有編號，查找起來存在一定的困難。2006年，欒梅健先生出版了《民間的文人雅集——南社研究》一書，在書的附錄中編有《南社社友簡況表》。此表的優點在於按入社號排序，但作者只是將《南社紀略》中的《南社社友姓氏錄》進行重新編排，未及充分吸納學界研究新成果，所以錯訛之處依然存在。2009年，適逢南社百年紀念大會在蘇州召開，郭建鵬編製了《南社社友表》，此表在前述研究成果的基礎上進行校訂，按社友姓氏音序排列，包括姓氏、籍貫、介紹人、入社號等信息，經郭長海先生依據其上個世紀末的手抄本入社書校訂後，由其帶到大會交流。之後此表以附錄的形式編入《南社人物史編年》一書中。2012年，中國近代文學學會南社與柳亞子研究會與國家圖書館成爲友好合作單位，在文化部周和平副部長（兼國家圖書館館長）的大力支持下，將南社研究的第一手珍貴資料——數字版《南社入社書》贈送給中國南社文史資料研究館，南社社員檔案資訊得以回歸。

　　自入社書回歸以後，南社專家委員會對所有社友信息進行比對，發現在當前研究資料中，一些最基本的諸如姓名、字號、年歲、籍里等社友信息，仍存在較多的以訛傳訛的情況。有鑒於此，諸同仁深感有必要將包括入社書在內的有關南社社友信息予以考訂整理、付諸出版，庶幾反映南社人物之基本情況，亦爲南社研究提供基於原始文獻的第一手資料。這便是編纂此《南社社友錄》的初衷。本書據陳去病《南社雜佩》、柳亞子《南社紀略·南社社友姓氏錄》等資料，結合南社入社書原件，考訂了南社諸社友的生平，在此基礎上撰寫了各位社友小傳，同時附錄新南社、南社湘集、南社廣東分社、南社歷次雅集與紀念會參加者名録以及南社社友參加的各類社團名録，堪稱迄今爲止關於南社人物信息最爲全面、最爲翔實的專書；此外爲展現入社書之原始面貌，還附有其影印件。

　　至爲榮幸的是，中國社會科學院楊天石先生、王飈先生在百忙中爲本書作序，在此謹致誠摯的感謝！

　　本書之編纂與出版，得到了相關南社後裔以及中國國家圖書館、上海圖書館、中國南社研究會有關會員、中國南社研究聯合總秘書處、江蘇省南社研究會的大力支持；尤其是上海大學出版社攜手中國近代文學學會南社與柳亞子研究會、蘇州市南社研究會傾力襄贊南社研究事業，爲學術界奉上這一價值重大的珍貴史料，在此一併衷心感謝！

　　　　　　　　　　2016年10月於中國南社研究聯合總秘書處

凡 例

一、本書依據相關史料對南社社友的生平履歷進行考訂，撰寫了1183位南社社友的小傳，同時配以現存全部《南社入社書》影印件以及部分社友肖像，另將《新南社社友錄》《南社湘集會員名錄》《南社廣東分社社員姓氏錄》《南社歷次雅集及紀念活動參加者名錄》以及《南社社友參加社團名錄》等附於書後，俾南社社員信息臻於完整。

二、本書所錄南社社友，依柳亞子《南社紀略·附錄一：南社社友姓氏錄》所載之入社書編號排序，社友名字前冠以阿拉伯數字序號，以便查檢。

三、《南社入社書》著錄社友姓名，或字或號，極不統一，本書正文條目一依柳亞子《南社紀略·附錄一：南社社友姓氏錄》之著錄規則，以便兩相對照查檢；《社友錄》正文中惟於"介紹人"一項以及全書各附錄中，則儘量使用社友常見名稱，不必盡求統一。

四、社友字號、籍里與入社書或《南社紀略》不一致者，依據有關資料考訂後著錄，不另作說明。

五、入社日期有填干支紀年或農曆者，統一換爲公曆。

六、入社書及《南社紀略》著錄有誤者，逕予改正，不另作說明。

七、姓氏之"邱"，入社書除丘新榮之外皆作"邱"，《南社紀略》並作"丘"，今一依入社書。

八、附錄之《新南社社友錄》《南社湘集會員名錄》《南社廣東分社社員姓氏錄》，均以姓氏筆畫排序。

目 録

南社社友録 /0001

0001. 陳去病 /0002	0021. 高　增 /0040	0041. 顧彦祥 /0080
0002. 高　旭 /0004	0022. 錢厚貽 /0042	0042. 孫　鵬 /0082
0003. 柳棄疾 /0006	0023. 汪　癡 /0044	0043. 李　拙 /0084
0004. 何　昭 /0004	0024. 何聿慈 /0046	0044. 孫世雄 /0086
0005. 鄭　瑛 /0008	0025. 蔡　守 /0048	0045. 周　實 /0088
0006. 朱葆康 /0010	0026. 姚　光 /0050	0046. 周　偉 /0090
0007. 岳　雪 /0012	0027. 王　燦 /0052	0047. 夏煥雲 /0092
0008. 朱葆芬 /0014	0028. 陶　牧 /0054	0048. 汪　粹 /0094
0009. 林懿均 /0016	0029. 陳　水 /0056	0049. 蔡　模 /0096
0010. 沈　礪 /0018	0030. 趙正平 /0058	0050. 蔡　權 /0098
0011. 徐自華 /0020	0031. 俞　鍔 /0060	0051. 周尚寬 /0100
0012. 徐蘊華 /0022	0032. 葉　葉 /0062	0052. 金兆芬 /0102
0013. 林景行 /0024	0033. 馮　平 /0064	0053. 朱增澹 /0104
0014. 沈昌眉 /0026	0034. 韓　蘇 /0066	0054. 沈嘉康 /0106
0015. 沈昌直 /0028	0035. 傅　專 /0068	0055. 馬駿聲 /0108
0016. 沈文傑 /0030	0036. 周祥駿 /0070	0056. 華　龍 /0110
0017. 夏鍾麟 /0032	0037. 郭愛棠 /0072	0057. 孫變齊 /0112
0018. 丁逢甲 /0034	0038. 顧寶瑚 /0074	0058. 張光厚 /0114
0019. 錢祖憲 /0036	0039. 鐘　英 /0076	0059. 雷昭性 /0116
0020. 費榮錦 /0038	0040. 鄒　銓 /0078	0060. 趙世鈺 /0118

0061. 陸　毅 /0120
0062. 杭慎修 /0122
0063. 余天遂 /0124
0064. 何　痕 /0126
0065. 鄭之蕃 /0128
0066. 費公直 /0130
0067. 林鐘鏷 /0132
0068. 周承德 /0134
0069. 陳訓恩 /0136
0070. 馮　泰 /0138
0071. 吳震中 /0138
0072. 陽兆鯤 /0140
0073. 孔慶萊 /0142
0074. 盧　淦 /0144
0075. 沈　雲 /0146
0076. 沈厚慈 /0148
0077. 沈厚龢 /0150
0078. 張　柱 /0152
0079. 莫文源 /0154
0080. 朱　照 /0156
0081. 陶賡照 /0158
0082. 周亮才 /0160
0083. 李瑞椿 /0162
0084. 郭　惜 /0164
0085. 田　桐 /0166
0086. 葉振謨 /0168
0087. 王蘊曾 /0170
0088. 王蘊章 /0172
0089. 何慕韓 /0174
0090. 朱文穎 /0176

0091. 胡穎之 /0178
0092. 顧　敔 /0180
0093. 朱惟愷 /0180
0094. 沈　翰 /0182
0095. 朱　苐 /0184
0096. 黃　質 /0186
0097. 胡韞玉 /0188
0098. 林萬里 /0190
0099. 王鍾麒 /0192
0100. 瞿　鉞 /0194
0101. 朱肇昇 /0196
0102. 陸曾沂 /0198
0103. 吳相融 /0200
0104. 包公毅 /0202
0105. 胡懷琛 /0204
0106. 陳家鼎 /0206
0107. 張　彝 /0208
0108. 古　直 /0210
0109. 曾　賾 /0212
0110. 曾　擇 /0214
0111. 陳子範 /0216
0112. 李維翰 /0218
0113. 張　素 /0220
0114. 姜　若 /0222
0115. 戴傳賢 /0224
0116. 漆文光 /0226
0117. 俞宗原 /0228
0118. 承家麟 /0230
0119. 汪振鏞 /0232
0120. 宋銘穀 /0234

0121. 丁義明 /0236
0122. 周　珏 /0238
0123. 張庭輝 /0240
0124. 李雲虁 /0242
0125. 陳其美 /0244
0126. 張傳琨 /0246
0127. 黃盛啟 /0248
0128. 劉　躬 /0250
0129. 程　傑 /0252
0130. 鄭　傳 /0254
0131. 李德群 /0256
0132. 孫　元 /0258
0133. 胡允恭 /0260
0134. 夏允麐 /0262
0135. 金光弼 /0264
0136. 陳其槎 /0266
0137. 陳毓川 /0268
0138. 江鏡清 /0270
0139. 浦　武 /0272
0140. 孫延庚 /0274
0141. 宋　琳 /0276
0142. 袁　圻 /0278
0143. 陳家英 /0280
0144. 陳家傑 /0280
0145. 龐樹柏 /0282
0146. 范　教 /0284
0147. 唐耕餘 /0286
0148. 周芷生 /0288
0149. 黃　鈞 /0290
0150. 陳　蛻 /0290

0151. 鄭　　澤 /0292
0152. 沈　　琨 /0294
0153. 朱錫梁 /0296
0154. 龔爾位 /0298
0155. 徐朗西 /0300
0156. 吳　　幹 /0302
0157. 張　　烈 /0304
0158. 寧調元 /0306
0159. 沈毓清 /0308
0160. 邱　　復 /0310
0161. 顧無咎 /0312
0162. 周鑄青 /0314
0163. 周　　均 /0316
0164. 宋教仁 /0318
0165. 劉　　炎 /0320
0166. 楊　　璠 /0322
0167. 邱望崙 /0324
0168. 朱儁良 /0326
0169. 沈鈞業 /0328
0170. 俞慶恩 /0330
0171. 章　　梓 /0332
0172. 呂志伊 /0334
0173. 姜　　仁 /0336
0174. 程　　慈 /0338
0175. 楊錫章 /0340
0176. 傅夢豪 /0342
0177. 范光啟 /0344
0178. 戴克諧 /0346
0179. 許蘇民 /0348
0180. 李葭榮 /0350

0181. 陳紹枚 /0352
0182. 顧　　駿 /0354
0183. 湯鴻基 /0356
0184. 姜　　五 /0358
0185. 洪炳文 /0360
0186. 王文熙 /0362
0187. 黃亞康 /0364
0188. 沈大椿 /0366
0189. 阮尚介 /0368
0190. 胡　　蘊 /0370
0191. 陳　　鈍 /0372
0192. 楊譜笙 /0374
0193. 唐群英 /0376
0194. 張漢英 /0378
0195. 譚作民 /0380
0196. 陳　　柱 /0382
0197. 張一鳴 /0384
0198. 羅晉士 /0386
0199. 羅天覺 /0388
0200. 張昭漢 /0390
0201. 杜　　羲 /0392
0202. 王程之 /0394
0203. 邱翊華 /0396
0204. 蔡　　寅 /0398
0205. 尤　　翔 /0400
0206. 陳嘉猷 /0402
0207. 曾　　鏞 /0404
0208. 鄧家彥 /0406
0209. 顧　　澄 /0408
0210. 楊嗣軒 /0410

0211. 李　　凡 /0412
0212. 杜　　詩 /0414
0213. 王少文 /0416
0214. 陶　　鑄 /0418
0215. 楊　　愷 /0420
0216. 李大鈞 /0422
0217. 徐宗鑒 /0424
0218. 余　　沅 /0426
0219. 林學衡 /0428
0220. 蔣　　信 /0430
0221. 黃　　侃 /0432
0222. 劉　　瑗 /0434
0223. 吳修源 /0436
0224. 曾延年 /0438
0225. 秦鑄花 /0440
0226. 鄭寶善 /0442
0227. 陳家鼎 /0444
0228. 梁　　龍 /0446
0229. 楊　　銓 /0448
0230. 汪　　洋 /0450
0231. 王錫民 /0452
0232. 黎庶從 /0454
0233. 姚雨平 /0456
0234. 汪　　東 /0458
0235. 馬　　和 /0460
0236. 吳　　梅 /0462
0237. 王葆楨 /0464
0238. 張　　繼 /0466
0239. 許文韶 /0468
0240. 高　　燮 /0470

0241. 易昌楫 /0472	0271. 陳輔相 /0532	0301. 易廷熹 /0592
0242. 陳萬里 /0474	0272. 牛　遜 /0534	0302. 沈　沅 /0594
0243. 蘇玄瑛 /0476	0273. 張　穌 /0536	0303. 謝華國 /0596
0244. 夏昌熾 /0478	0274. 吳　粲 /0538	0304. 蔡　培 /0598
0245. 沈　機 /0480	0275. 錢文蓉 /0540	0305. 奚　侗 /0600
0246. 夏光鼎 /0482	0276. 朱　騫 /0542	0306. 蘇　南 /0602
0247. 廖麟年 /0484	0277. 李　閔 /0544	0307. 徐大純 /0604
0248. 張家珍 /0486	0278. 孫世偉 /0546	0308. 劉國鈞 /0606
0249. 衛克強 /0488	0279. 孫　湜 /0548	0309. 周　詠 /0608
0250. 顧葆康 /0490	0280. 孫天逸 /0550	0310. 彭俠公 /0610
0251. 周　斌 /0492	0281. 姜可生 /0552	0311. 張懷奇 /0612
0252. 汪文溥 /0494	0282. 范天籟 /0554	0312. 杭　海 /0614
0253. 楊曾蔚 /0496	0283. 邢鍾翰 /0556	0313. 陳　俊 /0616
0254. 項　驤 /0498	0284. 李煮夢 /0558	0314. 黃慕松 /0618
0255. 茅祖權 /0500	0285. 李肇甫 /0560	0315. 殷汝驪 /0620
0256. 曹鳳笙 /0502	0286. 宣劍花 /0562	0316. 謝星喬 /0622
0257. 楊德鄰 /0504	0287. 沈鈞儒 /0564	0317. 朱　瓊 /0624
0258. 仇　亮 /0506	0288. 卓啟堂 /0566	0318. 王漢章 /0626
0259. 景耀月 /0508	0289. 江紹銓 /0568	0319. 鍾　動 /0628
0260. 汪兆銘 /0510	0290. 陳　沆 /0570	0320. 吳有章 /0630
0261. 黃喃喃 /0512	0291. 沈宗畸 /0572	0321. 莊慶祥 /0632
0262. 黃亞君 /0514	0292. 張　恭 /0574	0322. 劉民畏 /0634
0263. 伍崇學 /0516	0293. 金　燕 /0576	0323. 黃　興 /0636
0264. 陳世宜 /0518	0294. 宋一鴻 /0578	0324. 李書城 /0638
0265. 諸宗元 /0520	0295. 方榮杲 /0580	0325. 方聲濤 /0640
0266. 許　鑄 /0522	0296. 文　斐 /0582	0326. 鄭衡之 /0642
0267. 邢啟周 /0524	0297. 陳堯祖 /0584	0327. 易　象 /0644
0268. 姚錫鈞 /0526	0298. 潘飛聲 /0586	0328. 周麟書 /0646
0269. 鄧樹南 /0528	0299. 蔣同超 /0588	0329. 李壽銓 /0648
0270. 周湘蘭 /0530	0300. 葉玉森 /0590	0330. 朱德龍 /0650

0331. 劉師陶 /0652	0361. 吳　鼎 /0712	0391. 姚式訓 /0772
0332. 劉　謙 /0654	0362. 徐天復 /0714	0392. 公羊壽 /0774
0333. 譚覺民 /0656	0363. 潘　昭 /0716	0393. 周宗澤 /0776
0334. 孔昭綬 /0658	0364. 汪承寬 /0718	0394. 狄　膺 /0778
0335. 黃　堃 /0660	0365. 方廷楷 /0720	0395. 梁擴凡 /0780
0336. 成本璞 /0662	0366. 陳翼郎 /0722	0396. 謝良牧 /0782
0337. 阮式一 /0664	0367. 吳沛霖 /0724	0397. 蔣箸超 /0784
0338. 黃懺華 /0666	0368. 陳九韶 /0726	0398. 張　冰 /0786
0339. 溫　見 /0668	0369. 余　鯤 /0728	0399. 蕭公望 /0788
0340. 姚志強 /0670	0370. 陳景賢 /0730	0400. 程萇碧 /0790
0341. 吳欽業 /0672	0371. 梁　復 /0732	0401. 許國英 /0792
0342. 呂　陶 /0674	0372. 邵瑞彭 /0734	0402. 王德鍾 /0794
0343. 王植善 /0676	0373. 顧　餘 /0736	0403. 黃　瀾 /0796
0344. 楊廷溥 /0678	0374. 黃宗麟 /0738	0404. 周錫三 /0798
0345. 管義華 /0680	0375. 黃　節 /0740	0405. 王章虎 /0800
0346. 張滌洲 /0682	0376. 陳以義 /0742	0406. 譚　天 /0802
0347. 殷　仁 /0684	0377. 陳守謙 /0744	0407. 于　定 /0804
0348. 程善之 /0686	0378. 白逾桓 /0746	0408. 邵聞泰 /0806
0349. 余先礪 /0688	0379. 楊　濟 /0748	0409. 蕭　蛻 /0808
0350. 潘世漢 /0690	0380. 駱繼漢 /0750	0410. 白　炎 /0810
0351. 韓景蘇 /0692	0381. 張　浩 /0752	0411. 劉　筠 /0812
0352. 龔　騫 /0694	0382. 石　瑛 /0754	0412. 陳　定 /0814
0353. 文　斌 /0696	0383. 谷思慎 /0756	0413. 仲素其 /0816
0354. 邵天雷 /0698	0384. 狄樓海 /0758	0414. 金兆芳 /0818
0355. 范慕蘭 /0700	0385. 席　綬 /0760	0415. 陸遵熹 /0820
0356. 邵庸舒 /0702	0386. 戚　牧 /0762	0416. 衛嘉榮 /0822
0357. 鄭　權 /0704	0387. 平智礎 /0764	0417. 洪爲藩 /0824
0358. 錢潤璦 /0706	0388. 王立佛 /0766	0418. 呂碧城 /0826
0359. 錢　鈞 /0708	0389. 朱宗良 /0768	0419. 蔡　璿 /0828
0360. 吳　銳 /0710	0390. 吳之良 /0770	0420. 陸　旋 /0830

0421. 王　橫 /0832
0422. 周　雲 /0834
0423. 陳　銳 /0836
0424. 李志宏 /0838
0425. 顧平之 /0840
0426. 朱　普 /0842
0427. 史文欽 /0844
0428. 林昧書 /0846
0429. 倪中軫 /0848
0430. 仲　中 /0850
0431. 金慶章 /0852
0432. 袁鏡波 /0854
0433. 金體乾 /0856
0434. 俞武華 /0858
0435. 萬　鈞 /0860
0436. 俞誠鎬 /0862
0437. 朱慕家 /0864
0438. 沈天行 /0866
0439. 梅光迪 /0868
0440. 任鴻雋 /0870
0441. 胡先驌 /0872
0442. 葉吟生 /0874
0443. 華振域 /0876
0444. 華　鴻 /0878
0445. 馬漢聲 /0880
0446. 周　翰 /0882
0447. 楊乃榮 /0884
0448. 周越然 /0886
0449. 曹鳳簫 /0888
0450. 申　樫 /0890

0451. 龐樹松 /0892
0452. 潘有猷 /0894
0453. 楊德鈞 /0896
0454. 夏　鑄 /0898
0455. 徐作賓 /0900
0456. 周張帆 /0902
0457. 徐道政 /0904
0458. 酈　忱 /0906
0459. 姜丹書 /0908
0460. 邱志貞 /0910
0461. 周　明 /0912
0462. 查天緯 /0914
0463. 謝無量 /0916
0464. 顧震生 /0918
0465. 張　剄 /0920
0466. 鄭國準 /0922
0467. 張通典 /0924
0468. 謝樹瓊 /0926
0469. 陳　樗 /0928
0470. 陳無名 /0930
0471. 萬以增 /0932
0472. 劉鵬年 /0934
0473. 劉去非 /0936
0474. 鄒　遇 /0938
0475. 楊弢俠 /0940
0476. 錢憲僧 /0942
0477. 徐　夢 /0944
0478. 葉與鳳 /0946
0479. 李絳雲 /0948
0480. 余其鏘 /0950

0481. 鄭之章 /0952
0482. 鍾觀誥 /0954
0483. 鄧萬歲 /0956
0484. 劉澤湘 /0958
0485. 杜國庠 /0960
0486. 沈毓源 /0962
0487. 王　競 /0964
0488. 饒　真 /0966
0489. 周　剛 /0968
0490. 吳　雲 /0970
0491. 朱　翱 /0972
0492. 溫靜侯 /0974
0493. 曹鳳儀 /0976
0494. 程華魂 /0978
0495. 王毓岱 /0980
0496. 程宗裕 /0982
0497. 蔣　瑭 /0984
0498. 黃　復 /0986
0499. 陸衍文 /0988
0500. 丁三在 /0990
0501. 丁以布 /0992
0502. 顧保瑢 /0994
0503. 高　珪 /0996
0504. 林　棠 /0998
0505. 高　杏 /1000
0506. 林好修 /1002
0507. 蔣保釐 /1004
0508. 周國賢 /1006
0509. 許　湘 /1008
0510. 錢永銘 /1010

0511. 章　闓 /1012
0512. 陳樹棠 /1014
0513. 莊之盤 /1016
0514. 吳山禺 /1018
0515. 趙次勝 /1020
0516. 陳無用 /1022
0517. 陸紹棠 /1024
0518. 陳光譽 /1026
0519. 丁上左 /1028
0520. 費　硯 /1030
0521. 陳　慈 /1032
0522. 馮　旭 /1034
0523. 龍　翔 /1036
0524. 王　廉 /1038
0525. 范亞侃 /1040
0526. 吳　霱 /1042
0527. 張　燾 /1044
0528. 周佩珍 /1046
0529. 陳貞慧 /1048
0530. 潘普恩 /1050
0531. 陳洪濤 /1052
0532. 徐思瀛 /1054
0533. 王　麟 /1056
0534. 陳　蛻 /1058
0535. 陳　棄 /1060
0536. 陳梨夢 /1062
0537. 樓　邨 /1064
0538. 蕭篤平 /1066
0539. 許肇南 /1068
0540. 徐世階 /1070

0541. 郁九齡 /1072
0542. 淩景堅 /1074
0543. 李　光 /1076
0544. 謝碧田 /1078
0545. 朱　霞 /1080
0546. 景定成 /1082
0547. 馬湯楗 /1084
0548. 陸　梅 /1086
0549. 張祉浩 /1088
0550. 張廷華 /1090
0551. 趙澤霖 /1092
0552. 胡惠生 /1094
0553. 沈次約 /1096
0554. 王　鼎 /1098
0555. 王文濡 /1100
0556. 駱　鵬 /1102
0557. 孫　璞 /1104
0558. 沈　鎔 /1106
0559. 黃　覺 /1108
0560. 王時傑 /1110
0561. 吳欽斅 /1112
0562. 繆鴻若 /1114
0563. 劉超武 /1116
0564. 李錦襄 /1118
0565. 莊先識 /1120
0566. 戴德章 /1122
0567. 謝振南 /1124
0568. 劉錦江 /1126
0569. 朱　璽 /1128
0570. 馬錫純 /1130

0571. 楊賡笙 /1132
0572. 韓　烺 /1134
0573. 韓　棠 /1136
0574. 沈駿聲 /1138
0575. 沈達先 /1140
0576. 王啟珝 /1142
0577. 胡熊鍔 /1144
0578. 方　畲 /1146
0579. 戴綬章 /1148
0580. 孫　訥 /1150
0581. 張錫佩 /1152
0582. 徐　麟 /1154
0583. 姚肖堯 /1156
0584. 卜世藩 /1158
0585. 王　漣 /1160
0586. 楊貽謀 /1162
0587. 沈鍾英 /1164
0588. 金惟弍 /1166
0589. 孫汝礪 /1168
0590. 貢少芹 /1170
0591. 彭斟雉 /1172
0592. 夏　雍 /1174
0593. 奚　囊 /1176
0594. 盛昌傑 /1178
0595. 陳　栩 /1180
0596. 李　倫 /1182
0597. 成　平 /1184
0598. 陸嶠南 /1186
0599. 江　琮 /1188
0600. 顧鳴盛 /1190

0601. 莊　山 /1192
0602. 方培良 /1194
0603. 李國鳳 /1196
0604. 呂壽名 /1198
0605. 趙鏡年 /1200
0606. 郭慶嵩 /1202
0607. 張　䎖 /1204
0608. 葉夏聲 /1206
0609. 聞　宥 /1208
0610. 杜　衡 /1210
0611. 倪清如 /1212
0612. 許陶熊 /1214
0613. 胡承樞 /1216
0614. 于　覺 /1218
0615. 涂開輿 /1220
0616. 陸明堃 /1222
0617. 鄭　文 /1224
0618. 張葆培 /1226
0619. 吳紹裘 /1228
0620. 錢貞元 /1230
0621. 陸械人 /1232
0622. 蔡樹諼 /1234
0623. 鄭詠梅 /1236
0624. 金鴻翔 /1238
0625. 曹祖彬 /1240
0626. 卞永璋 /1242
0627. 王　績 /1244
0628. 汪　謙 /1246
0629. 柳無忌 /1248
0630. 王有蘭 /1250

0631. 趙光榮 /1252
0632. 傅道博 /1254
0633. 瞿世琬 /1256
0634. 王永甲 /1258
0635. 譚醒民 /1260
0636. 余　崑 /1262
0637. 方宗鰲 /1264
0638. 方贊修 /1266
0639. 徐　冰 /1268
0640. 劉　三 /1270
0641. 陸靈素 /1272
0642. 嚴　達 /1274
0643. 李光德 /1276
0644. 葉壽增 /1276
0645. 朱樹鶴 /1278
0646. 黎尚雯 /1280
0647. 王葆鋆 /1282
0648. 張啟漢 /1284
0649. 俞　琪 /1286
0650. 陳靜彥 /1288
0651. 文啟蟲 /1290
0652. 宋大章 /1292
0653. 陳宗寔 /1294
0654. 龔六英 /1296
0655. 龔六莖 /1298
0656. 戴天球 /1300
0657. 曹　斌 /1302
0658. 潘名泰 /1304
0659. 陳錫田 /1306
0660. 鄧奇芳 /1308

0661. 陳兆年 /1310
0662. 簡　芾 /1312
0663. 姚禮恭 /1314
0664. 姚禮修 /1316
0665. 馬　卓 /1318
0666. 郁世欸 /1320
0667. 丁湘旧 /1322
0668. 袁翰清 /1324
0669. 李澄宇 /1326
0670. 李根源 /1328
0671. 凌　毅 /1330
0672. 黃　郛 /1332
0673. 曹應仲 /1334
0674. 李作霖 /1336
0675. 李隆建 /1338
0676. 諸　翔 /1340
0677. 易白沙 /1342
0678. 郭開第 /1344
0679. 張維城 /1346
0680. 黎書展 /1348
0681. 黃　鏐 /1350
0682. 朱　沃 /1352
0683. 陳家棟 /1354
0684. 姚大慈 /1356
0685. 謝　晉 /1358
0686. 蔡突靈 /1360
0687. 李基鴻 /1362
0688. 朱汝珪 /1364
0689. 徐德培 /1366
0690. 王大楨 /1368

0691. 曾純陽 /1370	0721. 余其鉅 /1430	0751. 譚炳堃 /1490
0692. 簡　易 /1372	0722. 龔耀宗 /1432	0752. 李滄萍 /1492
0693. 孫舉璜 /1374	0723. 孫錫中 /1434	0753. 金問源 /1494
0694. 彭昌福 /1376	0724. 盧諤生 /1436	0754. 淩蕙纕 /1496
0695. 尹　燡 /1378	0725. 蔡濟民 /1438	0755. 劉漢貞 /1498
0696. 李中一 /1380	0726. 邵飄萍 /1440	0756. 楊汝禧 /1500
0697. 吳夢非 /1382	0727. 柏文蔚 /1442	0757. 金鶴翔 /1502
0698. 劉天徒 /1384	0728. 俞祖望 /1444	0758. 鄒　魯 /1504
0699. 陸挺生 /1386	0729. 李孟哲 /1446	0759. 張相文 /1506
0700. 蒯貞幹 /1388	0730. 莊尚嚴 /1448	0760. 劉壽朋 /1508
0701. 彭久岳 /1390	0731. 陳耿夫 /1450	0761. 陳予齡 /1510
0702. 陳　侃 /1392	0732. 陳大年 /1452	0762. 劉曾玲 /1512
0703. 劉伯端 /1394	0733. 劉筱雲 /1454	0763. 洪　奐 /1514
0704. 張沂康 /1396	0734. 釋鐵禪 /1456	0764. 容伯挺 /1516
0705. 劉宗向 /1398	0735. 馮智慧 /1458	0765. 朱鏡宙 /1518
0706. 楊培綸 /1400	0736. 黃佛頤 /1460	0766. 鄧香草 /1520
0707. 傅　絅 /1402	0737. 徐紹榮 /1462	0767. 黃希憲 /1522
0708. 朱　濂 /1404	0738. 劉鳳鏘 /1464	0768. 易宗夔 /1524
0709. 饒芙裳 /1406	0739. 葉敬常 /1466	0769. 張振麒 /1526
0710. 馮天柱 /1408	0740. 沈文華 /1468	0770. 王　汾 /1528
0711. 謝祖賢 /1410	0741. 曹毋固 /1470	0771. 伍　仲 /1530
0712. 王時彥 /1412	0742. 葉志翔 /1472	0772. 潘壽元 /1532
0713. 盧　鑄 /1414	0743. 鄭佩秋 /1474	0773. 王德錡 /1534
0714. 丁潤身 /1416	0744. 鄧子彭 /1476	0774. 蔡少牧 /1536
0715. 胡　犖 /1418	0745. 陳覺是 /1478	0775. 周松年 /1538
0716. 徐亞伯 /1420	0746. 唐文駿 /1480	0776. 柳榮煦 /1540
0717. 錢模宗 /1422	0747. 趙宗健 /1482	0777. 陳泂芹 /1542
0718. 杜國瑋 /1424	0748. 王慶康 /1484	0778. 羅志遠 /1544
0719. 謝鴻熙 /1426	0749. 鄧章興 /1486	0779. 黃　永 /1546
0720. 姚大願 /1428	0750. 陸丹林 /1488	0780. 張遠煦 /1548

0781. 麥雁熒 /1550
0782. 吳恭亨 /1552
0783. 曾　格 /1554
0784. 朱汝玉 /1556
0785. 裘明溥 /1558
0786. 鄧家仁 /1560
0787. 霍庶明 /1562
0788. 韓　緒 /1564
0789. 邵汝芳 /1566
0790. 楊濟震 /1568
0791. 梁楚三 /1570
0792. 黃元琳 /1572
0793. 李思轅 /1574
0794. 周公權 /1576
0795. 顧宗況 /1578
0796. 張世楨 /1580
0797. 楊鶴廉 /1582
0798. 盧博郎 /1584
0799. 陳湛綸 /1586
0800. 張　洛 /1588
0801. 蕭錫祥 /1590
0802. 黃興謨 /1592
0803. 鍾天游 /1594
0804. 何榮光 /1596
0805. 張毅白 /1598
0806. 吳履泰 /1600
0807. 呂　俊 /1602
0808. 吳家驊 /1604
0809. 謝　達 /1606
0810. 陳雲峰 /1608

0811. 劉雲昭 /1610
0812. 丁繡章 /1612
0813. 范國才 /1614
0814. 劉　哲 /1616
0815. 朱大倬 /1618
0816. 陳　釜 /1620
0817. 廖恩照 /1622
0818. 顧　璿 /1624
0819. 顧　瑛 /1626
0820. 徐韻笙 /1628
0821. 馬超群 /1630
0822. 郁世爲 /1632
0823. 經亨頤 /1634
0824. 劉景初 /1636
0825. 金保泰 /1638
0826. 何　瑞 /1640
0827. 楊鴻年 /1642
0828. 蒯文偉 /1644
0829. 王志明 /1646
0830. 田興奎 /1648
0831. 田名瑜 /1650
0832. 盧友恒 /1652
0833. 盧卓文 /1654
0834. 吳　虞 /1656
0835. 江鎮三 /1658
0836. 郁世烈 /1660
0837. 沈琬華 /1662
0838. 余　湘 /1664
0839. 劉國瑛 /1666
0840. 韓汝紳 /1668

0841. 李　中 /1670
0842. 周學仁 /1672
0843. 朱克昌 /1674
0844. 凌鴻年 /1676
0845. 馮斯欒 /1678
0846. 張開儒 /1680
0847. 杜之杕 /1682
0848. 朱念慈 /1684
0849. 梁宇皋 /1686
0850. 陳　淮 /1688
0851. 李鍾騏 /1690
0852. 周　默 /1692
0853. 陳珮章 /1694
0854. 莫冠英 /1696
0855. 蔣乃均 /1698
0856. 陸孟飛 /1700
0857. 俞誠之 /1702
0858. 李　勁 /1704
0859. 許慎微 /1706
0860. 朱蔚堂 /1708
0861. 嵇鼎銘 /1710
0862. 張光蕙 /1712
0863. 張光翩 /1714
0864. 廖從本 /1716
0865. 張　權 /1718
0866. 姚煥章 /1720
0867. 錢詩棣 /1722
0868. 曾　蘭 /1724
0869. 吳其英 /1726
0870. 胡兆煥 /1728

0871. 陳應松 /1730
0872. 梁蘭劍 /1732
0873. 秦　轂 /1734
0874. 魯蕩平 /1736
0875. 鮑　湛 /1738
0876. 莫懷珠 /1740
0877. 徐蘊真 /1742
0878. 黃　蕙 /1744
0879. 張光蘐 /1746
0880. 袁金釗 /1748
0881. 金祖榮 /1750
0882. 鄧芝材 /1752
0883. 蔡　鉞 /1754
0884. 丁立中 /1756
0885. 張明培 /1758
0886. 黃翹芝 /1760
0887. 方楚白 /1762
0888. 蘇　良 /1764
0889. 沙世傑 /1766
0890. 馮淑儀 /1768
0891. 鄧昌運 /1770
0892. 楊棣棠 /1772
0893. 吳子垣 /1774
0894. 費善衡 /1776
0895. 盛世弼 /1778
0896. 包　一 /1780
0897. 許　觀 /1782
0898. 李昌賡 /1784
0899. 朱蘭英 /1786
0900. 單聿荇 /1788

0901. 劉作華 /1790
0902. 魏在田 /1792
0903. 陶　鑄 /1794
0904. 唐有烈 /1796
0905. 任鳳岡 /1798
0906. 查人偉 /1800
0907. 許祖謙 /1802
0908. 劉德馨 /1804
0909. 趙從勳 /1806
0910. 張修爵 /1808
0911. 黃維坤 /1810
0912. 謝開勳 /1812
0913. 黃德如 /1814
0914. 張勵貞 /1816
0915. 孔儀姞 /1818
0916. 李如煥 /1820
0917. 吳肅群 /1822
0918. 潘蕙疇 /1824
0919. 朱　炳 /1826
0920. 龐祿康 /1828
0921. 吳沈時 /1830
0922. 劉志遠 /1832
0923. 沈尹默 /1834
0924. 魏電巖 /1836
0925. 周道芬 /1838
0926. 周道鑾 /1840
0927. 楊　愍 /1842
0928. 王漱芳 /1844
0929. 趙　悔 /1846
0930. 李遠猷 /1848

0931. 陶紹煌 /1850
0932. 顧　珩 /1852
0933. 趙丙麟 /1854
0934. 李鍾瑤 /1856
0935. 董書城 /1858
0936. 趙逸賢 /1860
0937. 袁天庚 /1862
0938. 張爾鼎 /1864
0939. 張爾泰 /1864
0940. 桑　伊 /1866
0941. 桑祖欽 /1866
0942. 曹惟善 /1868
0943. 李逢鈞 /1870
0944. 葉與驥 /1872
0945. 沈天民 /1874
0946. 徐　浦 /1876
0947. 唐春森 /1878
0948. 凌光謙 /1880
0949. 施　準 /1882
0950. 徐嘯亞 /1884
0951. 徐　覺 /1886
0952. 崔鎔深 /1888
0953. 沈　圻 /1890
0954. 張　農 /1892
0955. 林素瑛 /1894
0956. 丘新榮 /1896
0957. 王念祖 /1898
0958. 吳　惜 /1900
0959. 馮國鑫 /1902
0960. 張國權 /1904

0961. 林　梧 /1906	0991. 平茂玉 /1964	1021. 儲光霽 /2024
0962. 沈鳳章 /1908	0992. 賀　冕 /1966	1022. 鄭憲武 /2026
0963. 余　銘 /1910	0993. 劉　達 /1968	1023. 徐超群 /2028
0964. 李熙謀 /1912	0994. 凌　圻 /1970	1024. 倪拱辰 /2030
0965. 周樹奎 /1914	0995. 李　滌 /1972	1025. 甘　英 /2032
0966. 張　恒 /1916	0996. 羅人鑄 /1974	1026. 熊　理 /2034
0967. 吳　淇 /1918	0997. 顧舜華 /1976	1027. 徐　鵬 /2036
0968. 邱庚藻 /1920	0998. 李敬婉 /1978	1028. 熊公福 /2038
0969. 范　鏞 /1922	0999. 朱絡英 /1980	1029. 陸明桓 /2040
0970. 張志修 /1924	1000. 劉世傑 /1982	1030. 沈流芳 /2042
0971. 沈文炯 /1926	1001. 吳楚昌 /1984	1031. 黃麗中 /2044
0972. 邵延庚 /1928	1002. 朱謙良 /1986	1032. 薛鍾斗 /2046
0973. 於秉衡 /1930	1003. 喬　湘 /1988	1033. 沈英領 /2048
0974. 張端瀛 /1932	1004. 王瀛洲 /1990	1034. 趙君達 /2050
0975. 阮尚臧 /1934	1005. 徐文炳 /1992	1035. 于洪起 /2052
0976. 鄭中炯 /1936	1006. 張惟聰 /1994	1036. 于均生 /2054
0977. 許慶炳 /1938	1007. 費　德 /1996	1037. 徐　策 /2056
0978. 陸福庭 /1940	1008. 謝幼支 /1998	1038. 周坤雄 /2058
0979. 趙修五 /1942	1009. 梁　民 /2000	1039. 陳　言 /2060
0980. 束詠功 /1944	1010. 潘　璞 /2002	1040. 蘇燕翩 /2062
0981. 魏鍾冀 /1946	1011. 陳秋霖 /2004	1041. 劉曉東 /2064
0982. 周頌南 /1948	1012. 劉嘯東 /2006	1042. 姚雲曹 /2066
0983. 許藻青 /1950	1013. 孫　鴻 /2008	1043. 龐成宇 /2068
0984. 胡洪湛 /1952	1014. 沈　章 /2010	1044. 張增泰 /2070
0985. 宋家鉢 /1954	1015. 劉鐵冷 /2012	1045. 姚彝伯 /2072
0986. 徐　毅 /1956	1016. 韓佩荃 /2014	1046. 趙式銘 /2074
0987. 吳　儂 /1958	1017. 徐　深 /2016	1047. 趙宗瀚 /2076
0988. 歐陽立袁 /1960	1018. 王祖壎 /2018	1048. 趙　坤 /2078
0989. 歐陽立裴 /1960	1019. 沈德鏞 /2020	1049. 嚴　素 /2080
0990. 周安元 /1962	1020. 蔡文鏞 /2022	1050. 張　紀 /2082

1051. 李曰垓 /2084	1071. 壽　璽 /2124	1091. 于佩銓 /2164
1052. 楊　晉 /2086	1072. 陳家慶 /2126	1092. 陳伯蘇 /2166
1053. 陳祖基 /2088	1073. 洪　璞 /2128	1093. 蔡蘅林 /2168
1054. 許崇灝 /2090	1074. 楊倫彝 /2130	1094. 曾貫吾 /2170
1055. 秦善培 /2092	1075. 林　恭 /2132	1095. 吳秉鈞 /2172
1056. 薛正清 /2094	1076. 劉文驤 /2134	1096. 黃朝桐 /2174
1057. 李杞芳 /2096	1077. 吳立崇 /2136	1097. 封未鎔 /2176
1058. 魏定榮 /2098	1078. 馮　玉 /2138	1098. 張　翰 /2178
1059. 呂六韜 /2100	1079. 傅卓霖 /2140	1099. 朱　穎 /2180
1060. 梁六度 /2102	1080. 朱　英 /2142	1100. 陳綿祥 /2180
1061. 秦善澤 /2104	1081. 袁家普 /2144	1101. 施方白 /2182
1062. 歐陽振聲 /2106	1082. 朱澤溥 /2146	1102. 趙赤羽 /2184
1063. 秦恩述 /2108	1083. 蔡鼎成 /2148	1103. 趙天放 /2186
1064. 黃殿華 /2110	1084. 唐　奇 /2150	1104. 闞軼群 /2188
1065. 李少芳 /2112	1085. 談　溶 /2152	1105. 鄭家祚 /2190
1066. 黃珮珊 /2114	1086. 趙爾正 /2154	1106. 唐榮陽 /2192
1067. 鍾　藻 /3216	1087. 夏桂徵 /2156	1107. 薛　炎 /2194
1068. 蔡燮垣 /2118	1088. 張瑞彤 /2158	1108. 胡伯翔 /2196
1069. 趙家善 /2120	1089. 莫　漢 /2160	1109. 姚琴如 /2198
1070. 冷　遹 /2122	1090. 戴保熾 /2162	1110. 陸　鴻 /2200

附錄一：未填寫入社書社友 /2210

01. 孫景賢 /2210	06. 侯鴻鑒 /2210	11. 郁　華 /2211
02. 沈汝瑾 /2210	07. 俞　棟 /2210	12. 卓尚誠 /2211
03. 陸紹明 /2210	08. 周夢熊 /2210	13. 黃　人 /2211
04. 林拾穗 /2210	09. 瞿方思 /2211	14. 馬敘倫 /2211
05. 陳士髦 /2210	10. 張佚凡 /2211	15. 王　銳 /2212

16. 王　凝 /2212	36. 鄭冬心 /2214	56. 陳寶書 /2216
17. 周　覺 /2212	37. 鄭守馨 /2214	57. 拓澤濱 /2216
18. 溫雪篸 /2212	38. 李安陸 /2214	58. 錢詩楨 /2216
19. 張　靖 /2212	39. 姚存競 /2214	59. 沈　鈞 /2216
20. 畢希卓 /2212	40. 梅繩武 /2214	60. 公孫長子 /2216
21. 尚　志 /2212	41. 陶名珍 /2214	61. 鄧文翬 /2216
22. 蔣洗凡 /2212	42. 陶采彬 /2214	62. 羅劍仇 /2216
23. 馮寶穌 /2213	43. 文詔雲 /2214	63. 錢伯良 /2216
24. 程家檉 /2213	44. 錢仲英 /2214	64. 田　僑 /2216
25. 沈右揆 /2213	45. 吳　肅 /2214	65. 于右任 /2217
26. 吳清庠 /2213	46. 吳容齋 /2214	66. 楊天驥 /2217
27. 唐家偉 /2213	47. 吳雪東 /2215	67. 徐　珂 /2217
28. 釋永光 /2213	48. 劉庸民 /2215	68. 陳閟慧 /2217
29. 談善吾 /2213	49. 羅　喬 /2215	69. 周積芹 /2217
30. 朱靜宜 /2213	50. 馮懋龍 /2215	70. 秦錫圭 /2217
31. 朱品瑩 /2213	51. 居　正 /2215	71. 葛昌楣 /2218
32. 張我華 /2213	52. 郭人漳 /2215	72. 紀國振 /2218
33. 陳聘之 /2214	53. 徐聲金 /2215	73. 趙煒如 /2218
34. 朱文藝 /2214	54. 劉成禺 /2215	
35. 朱震一 /2214	55. 胡賷卿 /2216	

附錄二：新南社社友錄 /2219

附錄三：南社湘集會員名錄 /2220

附錄四：南社廣東分社社員姓氏錄 /2221

附錄五：南社歷次雅集及紀念活動參加者名錄 /2221

附錄六：南社社友參加社團名錄 /2232

南社社友錄

南社入社書

姓名	籍貫 居址 通訊 處	介紹人
陳去病 字佩忍 號俍公 別號巢南		
	江蘇 吳江	吳江同 里鎮 場巷 中市戴 高等 傳經堂 學堂

南社社友錄

0001. 陳去病

　　0001. 陳去病（1874—1933），原名慶林，字病倩，號佩忍，別號巢南、垂虹亭長、法忍、無名、醒獅等，江蘇吳江（今蘇州市吳江區）人。1909年10月入社，入社書編號1。1898年在家鄉同里與金松岑組織雪恥學會，回應維新運動。1902年加入中國教育會，發起組織同里支部。1903年東渡日本，加入拒俄義勇隊（旋改爲軍國民教育會），又主持《江蘇》雜誌筆政；同年回國，在上海愛國女學任教。1904年任上海《警鐘日報》主筆，10月與汪笑儂等創刊《二十世紀大舞臺》雜誌，提倡戲劇改良。1906年加入中國同盟會。1907年在上海主持國學保存會會務，編輯《國粹學報》，並與吳梅、劉季平等發起神交社。1908年初與徐自華等在杭州組織秋社，同年又赴汕頭主持《中華新報》筆政。1911年11月與張默君等創辦《江蘇大漢報》。1912年1月至紹興擔任《越鐸日報》編輯，參與組織越社。1913年參加二次革命，任江蘇討袁軍總司令部秘書。1917年赴廣州護法，先後擔任護法軍政府海陸軍大元帥府諮議、非常國會秘書長、護法國會參議院秘書長等職。1921年再赴廣東，出任北伐大本營前敵宣傳主任。1924年出任國民黨江蘇臨時省黨部委員。1927年後歷任江蘇省黨部監察委員、文物保管委員會蘇州分會主任、江蘇革命博物館館長、國民黨中央黨史編纂委員會委員、國民政府考試院委員、內政部參事等職。1933年10月4日病逝，葬於虎丘。著有《百尺樓叢書》等。

南社社友錄

南社入社書

姓名	年歲	籍貫 居址	通訊處	介紹人
陳去病 字佩忍 號佩忍 別號巢南	三十七	江蘇 吳江	吳江同 里鎮 中市戴 傳經堂 學堂	杭州蒲 場巷 高等

南社社友錄

高旭

0002. 高　　旭
0004. 何　　昭

　　0002. 高旭（1877—1925），原名厊，後改名堪，字天梅，號劍公，別號鈍劍，別署江南快劍、慧雲、慧子等，江蘇金山（今上海市金山區）人。1909年10月入社，入社書編號2。1903年與高燮、高增創立覺民社，出版《覺民》月刊。1905年8月參與籌組中國同盟會，爲江蘇同盟會主盟人；同年5月在東京創辦《醒獅》雜誌。1906年創辦上海中國公學，旋退出；後與陳陶遺、朱少屏等另組健行公學。1907年創辦欽明女校，提倡女權和女子教育。1909年10月17日在《民籲日報》發表《南社啟》。辛亥革命後，任金山軍政分府司法長。1913年2月被推爲國會眾議院議員。1918年和1921年曾兩度南下廣州參加非常國會會議，支持和擁護孫中山。1925年8月25日病逝於金山張堰"萬梅花廬"寓所。著有《未濟廬詩集》、《浮梅詞》、《願無盡廬詩話》等。有《變雅樓詩》、《天梅遺集》十六卷行世。

　　0004. 何昭（1876—1969），女，字亞希，號亞君，江蘇金山（今上海市金山區）人。1909年與其丈夫高旭同時入社，入社書編號4。早年畢業於務本女校，在無錫競志中學任教。又任金山欽明女校校長。1962年7月受聘爲上海文史研究館館員。著有《華曼室詩》，已佚。

南社入社書

姓名	年歲	籍貫居址	通訊處	介紹人
高旭	三十二	江蘇金山	松江張堰	
何昭	三十三四		仝上	高旭

南社社友錄

0003. 柳棄疾

　　0003. 柳棄疾（1887—1958），初名慰高，字安如，號亞廬，一作亞盧，別號亞子，後改名人權，再改名棄疾，江蘇吳江（今蘇州市吳江區）人。1909年10月入社，入社書編號3。1903年初由陳去病、金松岑介紹入中國教育會。後到上海加入愛國學社，結識章太炎、鄒容等，鼓吹反清。1906年由高旭、朱少屏介紹參加中國同盟會，同時又由蔡元培介紹加入光復會。1911年辛亥革命後與朱少屏、胡寄塵等創辦《警報》，任主編。後歷任上海《天鐸報》、《民聲日報》、《太平洋報》三報主筆。1923年在家鄉創辦《新黎里報》，提倡新文化。同年5月在上海與葉楚傖、邵力子等發起組織新南社。1924年加入改組後的國民黨，歷任江蘇省黨部常務委員兼宣傳部長、中央監察委員會委員等職。1932年任上海市通志館館長，編輯出版《上海市通志館期刊》。1945年在重慶參加中國民主同盟。1948年1月與李濟深、何香凝等發起成立中國國民黨革命委員會，任常務委員兼秘書長。1949年4月16日在北京稷園召集最後一次南社、新南社聯合臨時雅集，同年9月出席中國人民政治協商會議。新中國成立後任中央人民政府委員、政務院文教委員會委員、全國人大常委會委員、中央文史研究館副館長。1958年6月21日病逝於北京。著有《磨劍室文集》（七種九冊）、《乘桴集》、《懷舊集》、《南社紀略》、《南明紀年史綱》、《蘇曼殊研究》等。

南社社友錄

南社入社書

姓名	年歲	籍貫 居址 通訊處	介紹人
柳棄疾 字安如 號亞廬 別署亞子	二十四歲 丁亥年閏四月古生	江甦 蘇州府 吳江縣 蘇州梨里鎮宅 同上 黎里鎮西	

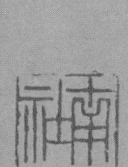

0005. 鄭　瑛

0005. 鄭瑛（1888—1962），女，字子佩，號佩宜，別署紅梨湖上女郎，江蘇吳江（今蘇州市吳江區）人。1909年由丈夫柳亞子介紹入社，入社書編號5。1949年參加在北京中山公園來今雨軒舉行的南社、新南社最後一次聯合臨時雅集。柳亞子去世後，將數千件亞子遺物捐贈給中國歷史博物館和蘇州市文物管理委員會。1962年病逝於北京。編有《太原閨秀比玉集》。

南社社友錄

南社入社書

姓名	年歲	籍貫	居址	通訊處	介紹人
鄭瑛 字子佩 號佩室	二十三歲 戊子年八月 二十日生	江蘇省 蘇州府 吳江縣	蘇州梨 里鎮虎 節橋西 柳第	同上	柳棄疾

南社社友錄

0006. 朱葆康

  0006.朱葆康（1882—1942），字少屏，號屏子，別署朱三、平子等，上海人。1909年11月由柳亞子介紹入社，入社書編號6。1903年畢業於上海南洋中學，留校任教。1905年8月在東京組織中國同盟會。1906年創辦中國公學。又與陳陶遺、高旭等另創健行公學，又襄理南洋中學。1909年南社成立後任會計員、書記、庶務員等職，並與柳亞子合辦《復報》、《鐵筆報》、《警報》，又與于右任創辦《民呼日報》、《民籲日報》、《民立報》。辛亥革命時協助陳其美組建滬軍都督府，任總務科長。1912年任南京臨時政府總統府秘書。同年與葉楚傖、柳亞子等創辦《太平洋報》。1914年參加中國科學社，總務《科學》雜誌。1915年10月與吳稚暉、章木良等組織《中華新報》。1916年被推舉為寰球中國學生會總幹事，主持會務逾20年，並曾為陳毅、聶榮臻、周恩來、鄧小平等辦理赴法國勤工儉學的留學手續。1920—1923年出遊歐美，並任《申報》駐歐記者、《中國評論週報》社總經理。曾代表《申報》參與華盛頓太平洋會議、日內瓦國際聯盟會議等。1923年歸國，任黎元洪總統府諮議。1932年被聘為上海市通志館副館長，與柳亞子等編纂《上海市通志》。1940年1月出任駐菲律賓領事。1942年4月17日被佔領馬尼拉的日軍殺害。

南社社友錄

南社入社書

姓名	朱蘿庵 廣序
年歲	二十九歲
籍貫	上海
居址通訊處	上海西門外公安巴十八號 民立報館
介紹人	柳亞子

庚戌南社

0007. 岳 雪

0007.岳雪（1887—1910）。女，字麟書，浙江嘉興人。1909年由朱少屏介紹入社，入社書編號7。早年畢業於江蘇松江景賢女校。1910年9月8日病逝於家鄉，朱少屏爲其撰《岳君麟書行述》。

南社社友錄

南社入社書

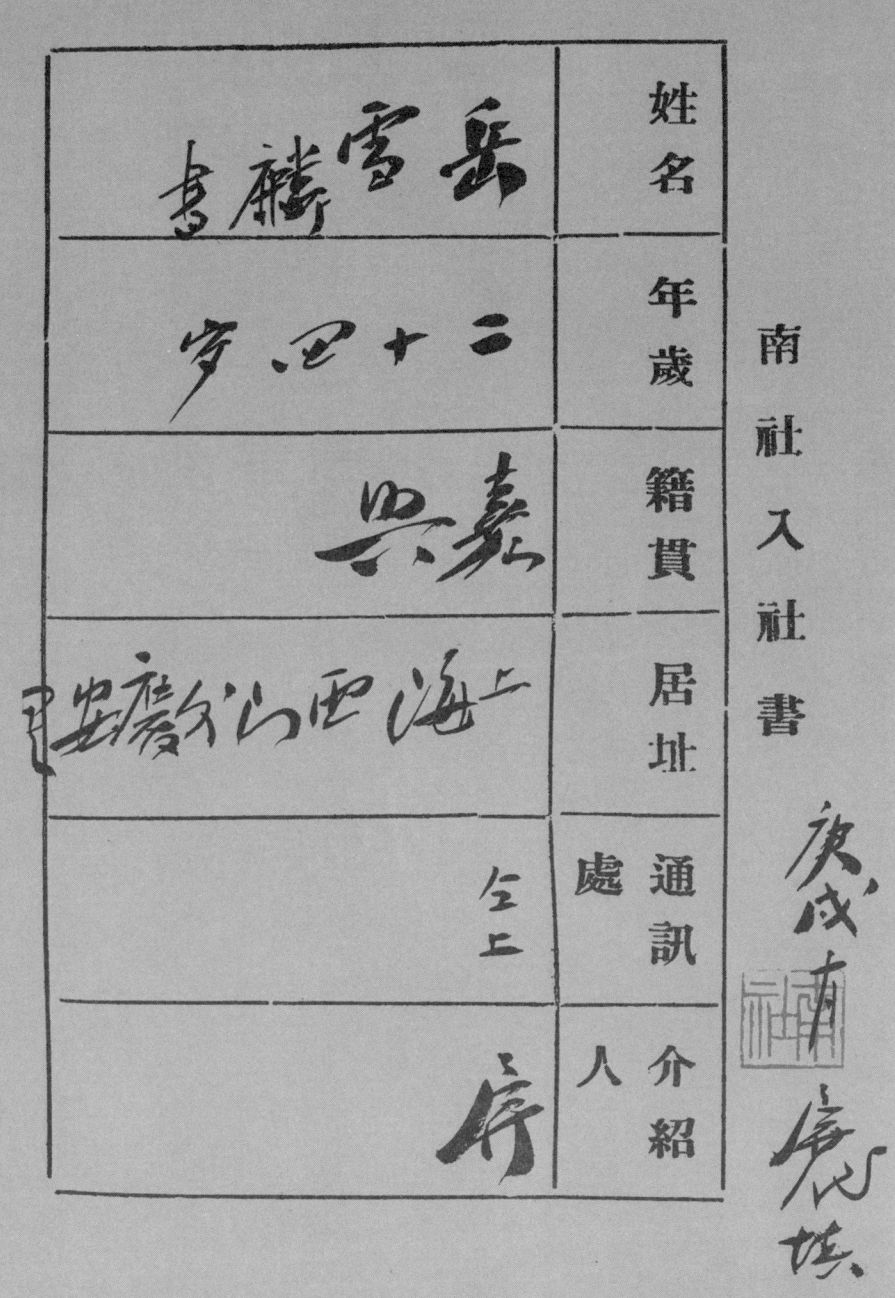

0008. 朱葆芬

0008. 朱葆芬（1886—1962），字子湘，一字紫湘，又作志湘，上海人。1909年由其兄朱少屏介紹入社，入社書編號8。1903年被公派去美國康乃爾大學留學。1909年加入同盟會。1913年任復旦公學算學部教員。1917年任中華職業教育社特別社員。1918年進入交通部任鐵路技術委員會專任委員。

姓名	朱雀榮志湘
年歲	廿一
籍貫 居址	上海
通訊處	上海雲台路廣安里六号
介紹人	仝上 房

南社入社書 庚戌十月 日

0009. 林懿均

0009.林懿均（1881—1951），原名蠣，字力山，一字蓋天，號立山，別署心樞，晚號天因居士，江蘇丹陽人。1909年11月由柳亞子介紹入社，入社書編號9。1902年入南京江南陸師學堂。1903年入中國教育會創辦的愛國學社。1905年考取官費留學日本，入東京弘文學院師範科學習，並加入中國同盟會。1909年回國，當選爲江蘇咨議局議員。1911年丹陽光復後被推爲丹陽軍政分府司令，後歷任丹陽、金壇、揚中、如皋、宿遷、鹽城等縣知事及江蘇省視學、江蘇省立松江第三中學校長、丹陽和丹徒兩縣濬河總指揮等職。1927年以後先後任江蘇省農礦廳、實業廳、教育廳、民政廳等科長、秘書，並與金國寶等參加江蘇省教育會。1937年被舉爲丹陽抗敵後援會副主任。

南社入社書

姓名	年歲	籍貫 居址	通訊處	介紹人
林懿均 號立山	三十歲	江蘇省 鎮江府 丹陽縣 卅陽鎮 門外萬昌油坊內寓	同上	柳棄疾

0010. 沈 礪

0010.沈礪（1879—1946），字勉後，號道非，別署嘐公，江蘇松江（今上海市松江區）人（原籍浙江嘉善）。1909年11月由柳亞子介紹入社，入社書編號10。早年曾任上海浦東中學堂教員，後加入中國同盟會。民國初年任松江軍政分府參謀長，並參與創刊上海《民國新聞》，任撰述兼編輯。後歷任南京國民政府秘書、文官處參事。

姓名	沈礪 字勉 後號 道非
年歲	三十一
籍貫居址	浙江嘉善縣楓涇浦東中學 明年一定搬 松江 堂
通訊處	東柳河
介紹人	

0011. 徐自華

0011. 徐自華（1872—1935），女，字寄塵，號懺慧，浙江石門（今桐鄉）人。1909年由陳去病介紹入社，入社書編號11。1906年春受聘任南潯鎮潯溪女學校長；是年夏由秋瑾介紹，與其胞妹蘊華加入中國同盟會和光復會。嗣後辭去潯溪女學校長職，赴上海資助秋瑾創辦《中國女報》。1907年12月在上海創刊《神州女報》。1908年初與陳去病、褚輔成等組織秋社，被舉爲社長。1913年創辦競雄女學，任校長。1935年7月12日病逝於西湖秋社。著有《懺慧詞》一卷、《聽竹樓詩集》、《秋心樓詩詞》等。

南社社友錄

南社入社書

姓名	年歲	籍貫	居址	通訊處	介紹人
徐寄塵	三十八歲	浙江	石門縣	石門縣西水閘	陳佩忍

0012. 徐蘊華

0012. 徐蘊華（1884—1962），女，字小淑，號雙韻，浙江石門（今桐鄉）人。1909年由陳去病介紹入社，入社書編號12。1906年由秋瑾介紹，與其姊自華加入中國同盟會和光復會，並協助秋瑾創辦《中國女報》，任編輯。1910年出任吳江貞豐女校教師。1912年任職於上海競雄女校。1914年8月出任崇德女子師範學校校長，並創辦女子師範講習所，自任所長。1927年初出任國民黨浙江省黨部婦女部長。1929年後任崇德第一高等小學校長多年。1934年任崇德女子中學校長。1956年任上海文史研究館館員。著有《雙韻軒詩稿》。

南社社友錄

南社入社書

姓名	年歲	籍貫	居址	通訊處	介紹人
徐小淑	二十二歲	浙江石門縣	石門玉溪	石門西門	陳佩忍

0013. 林景行

0013. 林景行（1886—1916），原名昶，字亮奇，一字亮祺，號寒碧，福建侯官（今閩侯）人。1909年由陳去病介紹入社，入社書編號13。早年肄業於上海聖約翰書院，1902年留學日本中央大學政治經濟科。1912年任南京民國臨時政府農林部秘書，不久又入國會眾議院任秘書。1916年主持《時事新報》筆政。著有《寒碧集》。

南社社友錄

南社入社書

姓名	林亮奇
年歲	二十二歲
籍貫	福建候官
居址通訊處	日本東京中央大學
介紹人	中央大學校 陳佩忍

南社社友錄

0014. 沈昌眉

　　0014. 沈昌眉（1872—1932），字長公，號眉若，別署昂青，江蘇吳江(今蘇州市吳江區)人。1909年由柳亞子介紹入社，入社書編號14。1909年初與其弟昌直在家鄉成立分湖文社。後任教於蘆墟陶冶學堂和黎里樹人學堂。1922年任江蘇省立蘇州第一師範學校吳江分校教師。著有《長公吟草》等。

南社入社書

姓名	年歲	籍貫	居址通訊處	介紹人
沈昌眉 字長公 號眉若	三十九	吳江	鎮蘆墟 蘆墟陶 谷公學	柳安如

0015. 沈昌直

0015. 沈昌直（1882—1949），字古愚，一字次公，號潁若，江蘇吳江（今蘇州市吳江區）人。1909年11月由柳亞子介紹入社，入社書編號15。1909年初與其兄昌眉倡辦分湖文社；1911年又與昌眉搜羅其先君零星詩稿輯成《春壺殘滴》兩卷。1912年赴江蘇省立無錫第三師範學校任教。曾與陸簡敬創辦求是學社。著有《爨餘集》、《爨餘集遺稿劫後拾零》。

南社入社書

姓名	年歲	籍貫 居址 通訊處	介紹人
沈昌直 字古愚 一字次公 號頏若	二九	吳江 莘塔鎮	從柳安如君轉達 柳安如

0016. 沈文傑

0016. 沈文傑（1881—1960），字龍聖，又字龍笙，江蘇吳江（今蘇州市吳江區）人。1909年由柳亞子介紹入社，入社書編號16。曾在北京大學法科任教。辛亥革命後赴上海，任《太平洋報》、《民國日報》編輯。1926年隨北伐軍到江蘇，出任建設廳主任秘書、代廳長。

南社入社書

姓名	年歲	籍貫 居址	通訊處	介紹人
沈文傑	三十歲	吳江縣蘆墟	北京分科大學	柳亞廬

0017. 夏鍾麟

0017. 夏鍾麟（1873—1954），原名麕，字應祥，號楦耳，江蘇吳江（今蘇州市吳江區）人。1909年由柳亞子介紹入社，入社書編號17。1910年加入分湖文社。

南社入社書

姓名	年歲	籍貫	居址通訊處	介紹人
夏鍾麟 號應祥	三十六	吳江	蘆墟鎮 蘆墟夏仁元銀樓	柳安如

0018. 丁逢甲

0018. 丁逢甲（1869—約1929），字堃生，一作坤生、崑生，號壯者，江蘇吳江(今蘇州市吳江區)人。1909年由柳亞子介紹入社，入社書編號18。曾在家鄉莘塔鎮莘溪公學授課，後任周莊沈氏義莊小學教員。著有小說《掃迷帚》、《延月樓筆記》等。

南社社友錄

南社入社書

姓名	丁逢甲 號堃生 別號壯者
年歲	三十九
籍貫 居址	吳江莘塔鎮
通訊處	莘溪公學
介紹人	柳安如

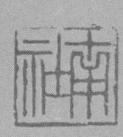

0019. 錢祖憲

0019. 錢祖憲（1884—1926），字叔度，江蘇吳江（今蘇州市吳江區）人。1909 年 11 月由柳亞子介紹入社，入社書編號 19。著有《河套新編》、《潘節士力田先生遺詩》等。

南社社友錄

南社入社書

姓名	錢祖憲 號叔度
年歲	二十七
籍貫 居址	吳江同里鎮
通訊處	同里東棋杆
介紹人	柳安如

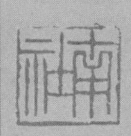

0020. 費榮錦

　　0020. 費榮錦（1882—？），字悟夢，一字宗潔，號織雲，江蘇吳江(今蘇州市吳江區)人。1909年11月由柳亞子介紹入社，入社書編號20。參加過范煙橋組織的同南社，並在《同南》上發表過《明史雜記》組詩。

南社社友錄

南社入社書

姓名	年歲	籍貫 居址	通訊處	介紹人
費榮錦 字悟夢 號織雲	二十九	吳江	吳江南門街禊湖公學(黎里鎮)	柳安如

0021. 高　增

0021. 高增（1881—1943），字卓庵，號澹庵、澹安，別署佛子、大雄、東亞憤人等，江蘇金山（今上海市金山區）人。1909年由其兄高旭介紹入社，入社書編號21。1903年與高旭、高燮創辦覺民社。著有《澹庵詩存》、《自怡軒詩鈔》、《嘯天廬詞存》。

南社入社書

姓名	年歲	籍貫 居址	通訊處	介紹人
高增	三十	金山	秦山後鄉張堰西	高天梅

0022. 錢厚貽

0022. 錢厚貽（1882—1932），字鴻賓，一作鴻炳，別署紅冰、頑石，浙江平湖人。1909年11月由高旭介紹入社，入社書編號22。辛亥前曾任教於松江朱涇鎮柘湖學校。兼擅駢、散文，詩近晚唐，曾參加東林詩社。著有《殉學記傳奇》。

姓名	年歲	籍貫	居址	通訊處	介紹人
錢鴻炳 字紅冰	二十九歲	浙江平湖縣	東門外東林寺西首	洙涇鎮柘湖學校（如在寒暑假期內寄平湖）	高鈍劍

0023. 汪癡

0023.汪癡（1878—?），字叔宜，號甦麐，別號野鶴，江蘇金山（今上海市金山區）人。1909年由高旭介紹入社，入社書編號23。民國初期曾與戚飯牛合編《銷魂語》雜誌。擅聯語，種菊亦有方。

南社社友錄

南社入社書

姓名	年歲	籍貫居址	通訊處	介紹人
汪凝 號天號 甦野 鷹鶴	三十三歲	松江金山	亭林南柵口	張堰蔣塘 天佐 棄材 高旭 鈍劍

0024. 何聿慈

0024. 何聿慈（1887—？），曾名佐新，字震生，又字振新，別號公腦，江蘇金山（今上海市金山區）人。1909年由高旭介紹入社，入社書編號24。1911年畢業於上海南洋中學。曾赴南洋群島爪哇泗水，在華僑商會辦的中華學校任教員。

南社社友錄

南社入社書

姓名	年歲	籍貫	居址	通訊處	介紹人
何震生	二十四	江蘇松江金山	松江張堰鎮西鄉	Ho Tjin Sen, Tiong Hwa Hok Tong, Soengeiliat, Banka 檳加島雙甘洌中華學堂	高天梅

0047

南社社友錄

0025. 蔡　守

　　0025. 蔡守（1879—1941），原名珣，後改名守，亦名有守，字奇璧、哲夫，號成城子，別號寒瓊，別署思琅、守一、折芙，晚號寒翁、茶丘殘客，廣東順德人。1909 年 11 月由柳亞子介紹入社，入社書編號 25。早年參加國學保存會，擔任會刊《政藝通報》編輯、《國粹學報》主筆，並襄助鄧實辦神州國光社，任美術編輯。1912 年冬與寧調元、謝英伯等發起組建南社廣東分社（時稱廣南社或粵社），寧、謝離開廣州後被舉爲社長。旋又加入高燮、姚光等發起成立的國學商兌會。1918 年參加護法運動。曾任駐粵滇軍總司令部咨議。1936 年與談月色受聘於南京博物院，並曾任職南京中央黨史編纂委員會。著有《說文古籀補》、《宋紙考補》、《繆篆分韻》、《畫壐錄》、《印雅》、《印林閒話》、《寒瓊遺稿》、《寒宬碑目》、《寒宬金石跋續》、《蠱樓詞》、《漆人傳》、《瓷人傳》等。

南社社友錄

南社入社書

姓名	年歲	籍貫	居址	通訊處	介紹人
蔡有守 原名珣 字奇鐵 一字哲夫 號成子	辛巳六月二十四日	廣東省廣州府順德縣龍江鄉仰山里門牌	上海徐家匯孝友里七號國粹學報館	上海四馬路國粹學報館	柳棄疾

南社社友錄

0026. 姚　光

　　0026. 姚光（1891—1945），譜名後超，字石子，號鳳石，又號復廬，別署佚史氏，江蘇金山（今上海市金山區）人。1909年由高旭介紹入社，入社書編號26。中國同盟會會員。1906年與高旭在家鄉創辦欽明女校，後與高燮、高旭等同創國學商兌會。1918年當選爲南社主任，主持社務。1924年任國民黨金山縣黨部執行委員。1928年與胡樸安、陳乃乾發起組織中國學會，後又發起組織金山縣鑒社，編印《金山縣鑒》二期。著有《浮梅草》、《續浮梅草》、《荒江樵唱》等。

南社入社書

姓名	年歲	籍貫	居址	通訊處	介紹人
姚光 號鳳石 字石子	二十	江蘇金山	松江張堰	仝上	高慧子

0027. 王　燦

0027. 王燦（1889—1933），字承粲，號粲君，江蘇婁縣（今上海市松江區）人。1909年由高旭介紹入社，入社書編號27。

南社入社書

姓名	年歲	籍貫	居址	通訊處	介紹人
王承燦 字承粲一 字粲君	二十二	江蘇婁縣	松江張堰仝上		高慧子

0028. 陶　牧

0028.陶牧（1874—1934），字伯蓀，一字伯純，號小柳，別署了庵、了盦、病鱖，江西南昌人。1909年由陳去病介紹入社，入社書編號28。早年曾在瀋陽組織遼社，後參加貞社。1925年3月在北京善後會議秘書處供職。1930年曾出任南匯縣縣長，1932年又任太倉縣縣長。

南社社友錄

南社入社書

姓名	陶牧甦 伯蘇
年歲	三十七歲
籍貫	江西南昌縣人
居址 通訊處	上海白克路九如里七百號 歸重慶通信￼
介紹人	陳佩忍

南社社友錄

0029. 陳　水

　　0029. 陳水（1881—1946），原名公瑤，又名水，後更名劍虹，字止齋，號陶遺、臥子，亦作陶怡、陶夷，別署道一、陶公，江蘇金山（今上海市金山區）人。1909年11月由柳亞子介紹入社，入社書編號29。1905年留學日本早稻田大學習法政，同年與高旭等創辦《醒獅》月刊，加入中國同盟會、光復會。1906年隨高旭創立健行公學。1907年初回上海接任同盟會江蘇分會會長。1910年受同盟會派遣赴南洋，在泗水華僑學堂任教，暗中爲同盟會募集經費。1911年11月作爲江蘇代表出席在武昌召開的各省都督府代表聯合會，議決《中華民國臨時政府組織大綱》；同年12月以江蘇代表身份參加在南京召開的各省代表會。1912年1月被選爲南京臨時政府臨時參議院副議長，並被任命爲考察歐美實業專使；同年8月同盟會改組爲國民黨後，被選爲國民黨江蘇省支部長。1925年任江蘇省省長。1933年任上海市臨時參議會秘書長。1939年與張元濟、葉景葵等創辦上海市私立合眾圖書館，任董事長。1946年拒任上海市參議會議長之職。

南社社友錄

南社入社書

姓名	陳水心
年歲	三十
籍貫	江蘇金山
居址	松隱鎮
通訊處	松江西門昇昌楷吳張
介紹人	柳棄疾

0030. 趙正平

0030. 趙正平（1886—1945），字厚生，一字厚聖，又字後聲，號仁齋，江蘇寶山（今上海市寶山區）人。1909年11月由柳亞子介紹入社，入社書編號30。在浙江武備學堂因成績優異，被派往日本早稻田大學留學，後加入中國同盟會。回國後先後編輯、主持《南報》、《南風報》月刊。武昌起義時任南京兵站總監部參謀長，後又歷任南京留守處調查局局長、交通局局長、江蘇都督府副參謀長等職。1913年在北京創刊《大陸國報》。1916年任暨南學校校長，1922年又親任暨南大學校長。1925年在上海主編《太平導報》。1929年主編《復興月刊》。曾爲北京《民蘇報》成員。一度加入中國青年黨，任中央委員。後歷任北平特別市社會局長、青島特別市教育局長。著有《仁齋文選》、《老子研究與政治》、《興國記》、《孟子新解》、《半部論語與政治》等。

姓名	趙正平 厚生
年歲	二十五歲
籍貫	江蘇寶山縣
居址	寶山真如鎮
通訊處	桂林陸軍小學
介紹人	柳棄疾

南社社友錄

0031. 俞　鍔

　　0031. 俞鍔（1886—1936），原名側，後更名鍔，字劍華、建華，號則人，別署老劍、一粟、吳牛等，江蘇太倉人。1909年11月由柳亞子介紹入社，入社書編號31。1903年東渡日本留學，加入中國同盟會。1906年在《民國新聞》、《民國日報》、《七襄》任編輯。民國成立後，任南京臨時政府大總統府秘書。1913年二次革命失敗後，與雷鐵厓同往印尼爪哇繼續辦報，宣傳革命。1918年歸國後，歷任福建省立圖書館館長、教育局局長、東南大學圖書館館長、暨南大學南京分校文史系教授等職；又組織青年成立俱樂部，以《蠹言月刊》爲陣地，評論時政。著有《劍華集》、《蛍景集》、《考古學通論》、《中國通史》、《荒塚奇書》、《翮鴻記傳奇》等。

南社入社書

姓名	年歲	籍貫 居址	通訊處	介紹人
俞側 號則人 字劍華 又字一粟 別字吳牛	二十有五歲	江蘇太倉北 洋縣人	倉州鎮門孫家 衖	柳安如

南社社友錄

0032. 葉　葉

　　0032. 葉葉（1886—1946），原名宗源，字卓書，別字小鳳，號楚傖，江蘇元和（今蘇州市）人。1909年由陳去病介紹入社，入社書編號32。1902年考入上海南洋中學，1905年畢業後入蘇州高等學堂。1908年曾主持廣東汕頭《中華新報》，並加入中國同盟會。武昌起義後參加由總司令姚雨平率領的廣東北伐軍，任參謀長。1912年在上海與宋教仁、柳亞子等創辦《太平洋報》，任主筆，並爲《民立報》副刊撰稿。1916年1月與邵力子、胡樸安等創刊《民國日報》，任主筆。1918年4月任全國報界聯合會主席。1922年10月與于右任、邵力子等將東南高等師範專科學校改組爲上海大學。1924年被選爲國民黨第一屆中央執行委員，任宣傳部長。1926年北伐戰爭中曾任國民黨中央黨部和國民政府聯席會議秘書長、上海臨時政治分會委員。後歷任國民黨上海執行部青年部長、婦女部長，江蘇省建設廳廳長、省政府委員、省政府秘書長。1930年任江蘇省政府主席。後又任廣州國民黨中央政治會議秘書長、約法起草委員、國民政府委員、國民黨中央宣傳委員會主任委員、立法院副院長、中國文藝社社長、國民黨中央出版事業管理委員會主任委員等職。著有《小鳳雜著》、《楚傖文存》、《世徽樓筆記》、《落花夢傳奇》、《古戍寒笳記》、《新兒女英雄》、《如此京華》及《弄堂小史》等。

南社入社書

姓名	年歲	籍貫	居址	通訊處	介紹人
葉宗源 楚傖	二十四歲	江蘇蘇州元和	蘇州周莊鎮	廣東汕頭中華新報	陳佩忍

0033. 馮　平

0033. 馮平（1887—1950），字心俠，一字競優，又字琴友，號復蘇，別署壯公，江蘇太倉人。1909年11月由柳亞子介紹入社，入社書編號33。1905年留學日本明治大學，加入中國同盟會。1909年任《民立報》編輯。1912年供職於上海《天鐸報》，後又與葉楚傖等創辦《民國日報》。1915年與顧震生創刊《大江報》。1924年後在上海大學執教。1926年北伐時曾任國民革命軍師部、軍部秘書，並任南京國民政府籌備委員會委員。著有《三姝媚》等。

南社社友錄

南社入社書

姓名	馮平 字心俠 號復菴
年歲	二十四歲
籍貫居址	江蘇太倉州 太倉璜涇鎮
通訊處	璜涇思肖里
介紹人	吳江柳亞子

0034. 韓 蘇

0034.韓蘇（1885—1958），字覺我，號筆海，江蘇丹陽人。1909年由柳亞子介紹入社，入社書編號34。1906年東渡日本東京實科學校留學，並加入中國同盟會。辛亥革命後創辦丹陽正則女校。1956年被聘爲江蘇省文史研究館館員，後又任丹陽縣副縣長、丹陽縣政協副主席等職。

南社社友錄

南社入社書

姓名	年歲	籍貫	居址	通訊處	介紹人
韓蘇覺我	二十六歲	江蘇鎮江府丹陽縣	丹陽縣城內忤壇大街	河南彰德府中學堂	柳安如

南社社友錄

0035. 傅 尃

　　0035. 傅尃（1882—1930），原名熊湘，字文渠，一字鈍根，亦作屯根、屯艮，號君劍，別署鈍安、屯安、紅薇生，湖南醴陵人。1909年由高旭介紹入社，入社書編號35。1905年與寧調元、陳家鼎、秋瑾、姚勇忱等一起從事反清革命，加入中國同盟會；同年與寧調元等創辦《洞庭波》（後改名《漢幟》）雜誌。1906年10月主編《競業旬報》。1907年受聘於江西萍鄉中學，並任該校附設的小學校長，次年任教於淥江中學。武昌起義後與張默君、陳去病等在蘇州創刊《江蘇大漢報》。1912年由滬返湘，擔任《長沙日報》總編輯。1916年重主《長沙日報》筆政。1918年12月赴上海與聶其傑等創立湖南善後協會，主辦《湖南月刊》、《天問》週刊。1921年創辦並主編《醴陵旬報》、《通俗報》。先後任湖南省長署秘書、省議會參議員、湖南通俗教育館館長、第三十五軍參議、湖南沅江縣縣長等職。1924年1月與陳去病、劉約真等在長沙創建南社湘集，被推爲社長。1925年任長沙《民國日報》總編輯。1928年調任湖南省立中山圖書館館長。著有《鈍安詩文集》、《鈍安詞》、《冬夏胵錄》、《廢雅樓說詩》、《廢雅樓閒話》、《國學概略》、《更生日記》等。

南社社友錄

南社入社書

姓名	年歲	籍貫 居址	通訊處	介紹人
傅尃 字鈍根 信函通 一字文渠 凡郵用此名 即請	二十七	湖南 醴陵 長沙泰安里 明德學堂	年暑假内寄醴陵正裕盛轉大生齋傅文渠 以外寄長沙	高鈍劍

南社社友錄

0036. 周祥駿

　　0036. 周祥駿（1870—1914），字仲穆，號更生，別署風山，江蘇睢寧人。1909年11月由高旭介紹入社，入社書編號36。1892年在家設館授徒，歷任睢寧昭義書院和上海憲政講習所教習。武昌起義後去鎮江，在柏文蔚軍第一鎮任顧問，隨軍參謀軍務。1914年5月16日被張勳殺害於徐州武安門外。著有《更生齋類稿甲編》、《更生齋類稿乙編》、《更生齋詩》、《更生齋文》、《更生齋瑣語》、《更生齋詩話》等。

南社社友錄

南社入社書

姓名	年歲	籍貫	居址	通訊處	介紹人
周祥駿 字仲穆 著有更墨齋詩更生齋文更生齋瑣語更生齋詩話	四十有一	江蘇睢寧人	睢寧西北鄉馬淺莊	睢寧縣城內畢鑒亭先生轉交	高鈍劍

0037. 郭愛棠

0037. 郭愛棠（1869—1947），字芰南，別署揚櫂子，江蘇睢寧人。1910 年由周祥駿介紹入社，入社書編號 37。1910 年在睢寧戴德學堂教書，並與周祥駿一起擔任潼北師範傳習所教習。辛亥革命爆發後，受周祥駿之命協助陳興芝發動睢寧起義，惜未果。1914 年 5 月周祥駿遇害後，曾協助整理、校訂其舊作、遺著，爲《更生齋瑣語》及《周風山先生全集》等書作序。民國初期曾一度在沭陽縣任職，後在睢寧、沛縣、邳縣等地設館任教。1945 年受邀出席邳縣、睢寧、銅山、靈璧地區參議會。著有《鍋山文存》、《好修齋詩稿》、《好修齋籀言》、《列國古今圖略》、《周風山先生行述》等。

南社社友錄

南社入社書

姓名	年歲	籍貫	居址	通訊處	介紹人
郭愛棠 字芨南 著有鍋山文存好修齋詩稿好修齋開籛言列國古今圖略	四十二歲	江蘇雎甯縣人	住雎甯縣雎甯縣城西北鄉澗內畢睒鑾亭頭營庄	先生轉交	周祥駿

0038. 顧寶瑚

0038. 顧寶瑚（1889—1924），字珊人，號珊臣，江蘇金山（今上海市金山區）人。1910 年由柳亞子介紹入社，入社書編號 38。1911 年 6 月在北京清華學堂（清華大學前身）任教，並與胡敦復、顧養吾等組織成立立達學社。1912 年 3 月與胡敦復、顧養吾等在上海創辦大同學院（1922 年 9 月改稱大同大學）。

南社社友錄

南社入社書

姓名	顧珊臣
年歲	二十二歲
籍貫	江蘇金山
居址通訊處	松江洙涇鎮上塘
介紹人	未定 寄居址□□
	柳安如

0039. 鍾 英

0039. 鍾英（1881—？），字惧庵，江蘇華亭（今上海市松江區）人。1910年由朱少屏介紹入社，入社書編號39。

南社入社書

姓名	鍾憤庵
年歲	三十歲
籍貫	江蘇華亭
居址	松江亭林鎮
通訊處	上海白克路諟里七百□
介紹人	朱少屏

0040. 鄒　銓

0040. 鄒銓（1887—1913），字亞雲，一字亞雄，又字秉衡，號天一，別號民鐸，江蘇元和（今蘇州市）人。1910年4月由高旭介紹入社，入社書編號40。早年在吳江黎里自治學社就讀。民國初年進入上海《天鐸報》館，並在《天鐸報》上連載《楊白花傳奇》。曾纂修《章練小志》。1913年3月10日病逝，其所著詩文雜作由柳亞子彙輯為《流霞書屋遺集》。

南社入社書

姓名	年歲	籍貫 居址	通訊處	介紹人
鄔銓 字亞雲 號天一	二十三	江蘇元和章練塘鎮	章練塘鎮東市宣正大抵坊轉 或 淞省蒲場卷高等學堂	高天梅君

0041. 顧彥祥

0041.顧彥祥（1883—？），字振庠，浙江嘉善人。1910年由陳陶遺介紹入社，入社書編號41。

南社社友錄

南社入社書

姓名	年歲	籍貫	居址	通訊處	介紹人
顧振庠	二十八	浙江嘉善	嘉善	嘉善南門	陳道一

0042. 孫　鵬

0042.孫鵬（1885—？），原名時英，字逸清，號翼雲，浙江嘉善人。1910年由陳陶遺介紹入社，入社書編號42。20世紀30年代曾在駐日本神戶領事館任職。

南社社友錄

南社入社書

姓名	孫逸清
年歲	二十六歲
籍貫	浙江嘉善
居址	科嘉甲善埭
通訊處	仝上
介紹人	陳道一

0043. 李 拙

0043. 李拙（1890—？），字康彌，一字康佛，浙江嘉善人。1910年由陳陶遺介紹入社，入社書編號43。曾任上海持志大學教授。

南社社友錄

南社入社書

姓名	李桂 㭎蓥
年歲	二十一
籍貫	浙江奉黃
居址通訊處	奉黃墨会家衖
介紹人	今上 陳水

0044. 孫世雄

0044. 孫世雄（1891—？），女，上海人。1910年由金靜初介紹入社，入社書編號44。

南社入社書

姓名	孫世雄
年歲	貳拾歲
籍貫	原籍 福建省漳州府人 現籍 江蘇省松江府上海縣
居址	上海南市三泰碼頭碼家昌 上海醫院隔壁孫宅
通訊處	暫時 日本埼玉縣浦和町 縣立女子師範學校 寄宿舍內
介紹人	金慶章 字靜初

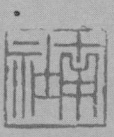

南社社友錄

0045. 周　實

0045. 周實（1885—1911），字實丹，號無盡，別署吳勁、和勁、桂生、山陽酒徒等，江蘇山陽(今淮安市淮安區)人。1909年由高旭介紹入社，入社書編號45。1908年入南京兩江師範學堂預科。1911年6月創建淮南社，自撰《淮南社啟》；11月14日在山陽縣召開光復大會，成立淮安地方軍政府；11月17日被原山陽縣知縣姚榮澤勾結土豪劣紳誘殺。著有《無盡庵遺集》、《周實丹烈士遺集》。

南社社友錄

南社入社書

姓名	周實 字實丹 字寶貫 號無盡 畫一號 笑勁
年歲	二十六
籍貫居址	江蘇淮安府山陽縣 山陽車橋鎮現寓江蘇南京四牌樓南京兩江師範學堂
通訊處	慶
介紹人	雲間高天梅

0046. 周 偉

0046.周偉（1885—1940），字人鞠，一字偉人，又作偉仁，江蘇山陽（今淮安市淮安區）人。1910年由周實介紹入社，入社書編號46。1907年12月與周實一道進南京兩江師範學堂。1911年11月17日周實遇害後，協助柳亞子編校、出版《無盡庵遺集》。1912年9月與余天遂、秦鑄花等重組淮南社。後赴廣東汕頭，入《大風日報》撰寫社論。後加入《太平洋報》，任主筆。1931年任上海私立持志大學文學教授。

南社入社書

姓名	年歲	籍貫	居址	通訊處	介紹人
周偉 字人翰	二十六歲	淮安山陽	淮城東車橋鎮	兩江師範學校	周實丹

0047. 夏煥雲

0047.夏煥雲（1882—？），字倬夫，江蘇山陽（今淮安市淮安區）人。1910年由周實介紹入社，入社書編號47。民國成立前曾任教於南京兩江師範學堂。

南社入社書

姓名	年歲	籍貫	居址	通訊處	介紹人
夏煥雲 字倬夫	二十九	江蘇山陽	淮安城內	暫在南京兩江師範學堂	周實丹

0048. 汪　粹

0048. 汪粹（1866—？），字叔純，江蘇金山（今上海市金山區）人。1910年由高旭介紹入社，入社書編號48。

南社入社書

姓名	年歲	籍貫 居址	通訊處	介紹人
汪粹 字叔純	四十五	江蘇 金山	張摳	仝上 高天梅

0049. 蔡　模

0049.蔡模（1887—1930），一名哀，字飲泣，一字恕庵，又名舒，字恕一、舒安，號韜廬，江蘇金山（今上海市金山區）人。1910年4月由陳陶遺介紹入社，入社書編號49。曾創辦簡實學社，後任金山東二鄉第一國民學校、金山縣立第五高等小學校長等職。

南社社友錄

南社入社書

姓名	年歲	籍貫 居址	通訊處	介紹人
蔡袞 字飲泣 號籲庵	二十四	金山 松隱	松江	昇昌祥 轉交 陳三

0050. 蔡　權

0050.蔡權（1890—？），一名蝶，字迪儀，又字笛怡，號蝶兮，別號秋冰，江蘇金山（今上海市金山區）人。1910年由柳亞子介紹入社，入社書編號50。

南社社友錄

南社入社書

姓名	年歲	籍貫	居址	通訊處	介紹人
蔡蝶 字蝶兮 一字笛嵇 號秋水	二十一歲	江蘇 金山縣 隱鎮	松江松 江西 門外昇 昌祥歸 轉交		柳棄疾

0051. 周尚寬

0051. 周尚寬（1881—？），號平泉，江蘇華亭（今上海市松江區）人。1910年由陳陶遺介紹入社，入社書編號51。

南社社友錄

南社入社書

姓名	年歲	籍貫	居址通訊處	介紹人
周尚寬 號平泉	三十歲	華亭	金山松隱鎮	吳公和 陳水

0052. 金兆芬

0052. 金兆芬（1891—？），一名吉，字吉香，號蘭畦，江蘇金山（今上海市金山區）人。1910年由柳亞子介紹入社，入社書編號52。

南社入社書

姓名	年歲	籍貫 居址	通訊處	介紹人
金吉 號蘭畦 又號吉甫	二十	金山松隱	松江	羿昌祥 張奎 柳亞如

0053. 朱增濬

0053. 朱增濬（1879—？），字叔源，江蘇南匯（今上海市浦東新區）人。1910 年 8 月由陳陶遺介紹入社，入社書編號 53。中國同盟會會員。曾任上海浦東中學校長。

南社社友錄

南社入社書

姓名	朱增濬 始陔
年歲	三十二歲
籍貫	江蘇南滙
居址通訊處	浦東沈家莊 上海南市悅昌布店
介紹人	奉賢陳道一

0054. 沈嘉康

0054. 沈嘉康（1883—？），字希俠，浙江山陰（今紹興）人。1910年由俞鍔介紹入社，入社書編號54。

南社社友錄

南社入社書

姓名	沈嘉康
年歲	二十八歲
籍貫	浙江山陰
居址	紹興臨浦鎮
通訊處	臨南鎮大德堂藥
介紹人	婁東俞飾華

0055. 馬駿聲

0055.馬駿聲（1889—1951），字小進，號退之，別署夢寄樓主、不進、臺山少年，廣東新寧（今臺山）人。1909年由蔡哲夫介紹入社，入社書編號55。1909年留學美國哥倫比亞大學，1910年在美國加入中國同盟會。1913年到北京大學執教。1916年任眾議院議員，並兼任憲法起草委員會外交股常務委員。1917年任廣州大元帥府參事、廣東督軍署參議、護法國會眾議院議員等職。1942年任廣州大學文學院院長兼教授。著有《鴉聲集》、《知神隨筆》、《夢寄樓隨筆》、《嶺海珍聞錄》、《世界文學論》等。

南社入社書

姓名	年歲	籍貫	居址	通訊處	介紹人
馬駿聲 字小進 號要弱 樓主	二十有二	廣東省廣州府新寧縣	美國紐約城哥林比亞大學赫壓樓（英文不列）中國居址香港堅道六十四號 64, Caine Rd. Hong Kong. China.	上列 Mr. T. S. Ma, Hartley Hall, Columbia Univ. New York city. U.S.A.	蔡有守

0056. 華 龍

0056. 華龍（1881—？），字無悶，號子翔，江蘇金匱（今無錫）人。1910年由趙正平介紹入社，入社書編號56。曾任蘇州蘇蘇女校和江蘇師範學堂教員。

南社入社書

姓名	年歲	籍貫	居址	通訊處	介紹人
華龑	三十	江蘇金匱	無錫蕩口鎮	蘇州滄浪亭江蘇師範學堂	趙正平

0057. 孫變齊

0057. 孫變齊（1895—？），字魯望，號仲戟，安徽壽縣人。1910 年由俞鍔介紹入社，入社書編號 57。曾就讀於天津私立南開第一中學堂。

南社入社書

姓名	年歲	籍貫居址	通訊處	介紹人
孫變齊 字魯曾望 一字仲戟	十有六	安徽壽州 仝上	天津西南城角南開私立第一中學堂生	俞側

0058. 張光厚

0058.張光厚（1881—1932），字荔丹，一字飛鬼，號天民，四川富順人。1909年由俞鍔介紹入社，入社書編號58。早年留學日本早稻田大學習法律，參加中國同盟會。1916年元旦創作《丙辰歲首感懷》組詩18首，矛頭直指袁世凱。1924年後回到四川，曾任遂寧縣縣長、崇慶縣徵收局長、四川省政府秘書等職。

南社社友錄

南社入社書

姓名	年歲	籍貫 居址 處	通訊 介紹人
張光厚 號天民 字荔丹 一字飛鬼	二十有八歲	四川省叙州府富順縣人	江蘇太倉俞鍔 同上

南社社友錄

0059. 雷昭性

  0059.雷昭性（1873—1920），原名奮，又名龍言，後更名昭性，一作照性、昭信，字澤皆、奮皆，號鐵厓，一作鐵崖，別號鐵錚，四川富順人。1910年4月由俞鍔介紹入社，入社書編號59。1904年冬與熊克武等同赴日本，先後入大成學校和東京弘文學院。1905年8月由孫中山介紹加入中國同盟會，同年9月與董修武等在日本創辦《鵑聲》雜誌。1907年12月與吳玉章等在東京創辦《四川》雜誌。1909年回國，任教於上海中國新公學，兼任龍門師範學校及理科專修學校兩校教習。1910年5月與林白水一道擔任《民聲叢報》主要撰稿人，12月應胡漢民之邀到南洋檳榔嶼創辦《光華日報》。

南社社友錄

南社入社書

姓名	年歲	籍貫	居址	通訊處	介紹人
雷昭性 字鐵厓 號聾皆	卅六歲	四川敍州府富順縣	仝上	南洋檳榔嶼打銅街光華報館 Looi Chow Sing c/o Kong Wah Yit Poh no 120 Armenian Penang S.S.	俞劍華

0060. 趙世鈺

0060.趙世鈺（1883—？），字其相，陝西三原人。1910年由俞鍔介紹入社，入社書編號60。早年留學日本，1908年與楊銘源等在東京創辦《夏聲》雜誌。1912年1月被選爲陝西省參議會議員，並代表陝西省出席當月28日在南京召開的臨時參議院成立大會，被推爲民國臨時政府臨時參議院議員。後任北京政府國會議員。

南社社友錄

南社入社書

姓名	趙世鈺（其相）
年歲	二十八歲
籍貫居址通訊處	陝西省西安府三原縣 同縣魯橋鎮 同上
介紹人	俞建華君

0061. 陸 毅

0061. 陸毅（1887—？），字君宜，號小倩，又號北廬，江蘇太倉人。1910年由俞鍔介紹入社，入社書編號61。

南社入社書

姓名	年歲	籍貫	居址	通訊處	介紹人
陸毅 字君宜 一字小倩	廿有四	江蘇太倉	太倉浮橋時思庵	太倉浮橋鎮郵政局收轉時思庵	俞劍

0062. 杭慎修

　　0062. 杭慎修（1869—1924），字辛齋，別字一葦，又字宇齋，號夷則，浙江海寧人，原籍仁和（今杭州）。1910年由馮心俠介紹入社，入社書編號62。1897年在天津與嚴復等創辦《國聞報》。1901年在北京創辦《啟蒙畫報》。1904年與彭翼仲在北京創刊《中華報》和《京華日報》。1905年加入中國同盟會。1909年底創刊《杭州白話新報》，任主筆。浙江光復後，與邵飄萍在杭州創辦《漢民日報》。著有《易學筆談》、《易楔》、《易數偶得》、《讀易雜識》、《愚一錄易說訂》等。

南社社友錄

南社入社書

姓名	年歲	籍貫 居址	通訊處	介紹人
杭慎修 字辛齋 號葦舟	四十二	浙江海寧 現寓杭城 原籍仁和 佑聖觀巷	杭州佑聖觀巷車寓	馮心俠

南社社友錄

0063. 余天遂

0063.余天遂（1879—1930），原名壽頤，字祝廕，號廕閣，別號疢儂，又號仇公，別署顛公、仇僧、大顛、三郎，江蘇崑山人，原籍安徽休寧。1910年8月由柳亞子介紹入社，入社書編號63。1904年曾任蘇州蘇蘇女校教員，學校停辦後在蘇州自辦宏志女學。後執教於草橋中學。1912年任臨時大總統孫中山的秘書，9月與周偉、秦鑄花等重組淮南社。後任《太平洋報》新聞專欄編輯。1913年在上海參加春音詞社。有《余天遂遺稿》存世。

南社社友錄

南社入社書

姓名	余壽頤 字祝廬 號廬閣 別號廬疾 儀今又 獅仇公
年歲	生于己卯之春
籍貫	祖籍休(安徽)現居崑山之蓬閬墨居宵菜鎮入籍新陽
居址	崑山城內乙丑衖址不常厥居也
通訊處	暫寄蘇州葑門內唐家巷宏安學
介紹人	柳亞子

0064. 何 痕

0064. 何痕（1893—？），字競南，號鍾伊，別號瘦秋，江蘇金山（今上海市金山區）人。1910年由高旭介紹入社，入社書編號64。

南社入社書

姓名	何競南
年歲	十八
籍貫	會同
居址	五區頭村江邊
通訊處	桓西鄉五區頭
介紹人	張高銳印 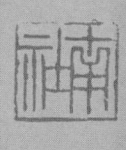

南社社友錄

0065. 鄭之蕃

  0065. 鄭之蕃（1887—1963），名一作之藩，又名鷯序，字仲鷯，號桐蓀、賡盉，別號仲蕃、焦桐、無競庵主人，江蘇吳江（今蘇州市吳江區）人。1910年由柳亞子介紹入社，入社書編號65。1907年考取公費留學美國紐約康奈爾大學習數理，獲數學學士學位。1910年又進耶魯大學研究院深造。1911年回國後歷任福建馬尾海軍學校、上海南洋公學、安慶安徽高等學校、北京農業專門學校等校教員。1912年秋在安慶時與蘇曼殊、沈燕謀合編《漢英詞典》和《英漢詞典》。1920年後任清華大學教職。1940年因病返滬，後入震旦女子文理學院任教。著有《墨經中的數理思想》、《四元開方釋要》等。

南社入社書

姓名	鄭之蕃 號桐蓀 J.F.Tsen.
年歲	廿四
籍貫	江蘇吳江
居址	吳江盛澤鎮
通訊處	14 Conant Hall Camb, Mass, U.S.A.
介紹人	柳亞廬 安如

南社社友錄

0066. 費公直

　　0066. 費公直（1880—1952），原名善機，字天健，號一瓢，別署秋明、霜紅、霜庵等，江蘇吳江（今蘇州市吳江區）人。1910年4月由柳亞子、陳去病介紹入社，入社書編號66。1896年冬考入寧波中西儲才學堂，後東渡日本，先後在東京同文書院、正則理化速成專科學校留學。曾參加拒俄義勇隊。1904年，與劉季平等在上海創辦麗澤學院（後改名青年學社）。1905年由劉師培、陳去病介紹加入中國同盟會。1908年秋第三次東渡日本，入東京醫學專門學校習醫科。1924年秋因蘇浙軍閥混戰，戰禍殃及鄉里，遂與王大覺等人發起組織中國紅十字會周莊分會。1934年冬黃賓虹在上海寓所創設國畫研究社，曾聘其擔任圖畫教員。新中國成立後被選爲吳縣第一屆人民代表會議代表。著有《秋明閣詩稿》、《秋明閣筆記》。

南社社友錄

南社入社書

姓名	貫公直 [印：貫木健]
年歲	三十歲
籍貫 居址	江蘇吳江縣周莊鎮
通訊處	仝上
介紹人	柳亞廬 澂玄病

0067. 林鐘鑠

0067. 林鐘鑠（1882—1950），字百舉，號一厂，別署老舉，廣東嘉應州（今梅州市）人。1909年由葉楚傖介紹入社，入社書編號67。1902年考入丘逢甲創辦之汕頭嶺東同文學堂，畢業後留校任教，兼襄《嶺東日報》編輯。1907年加入中國同盟會，翌年被延聘爲《中華新報》總編輯，並邀請陳去病、葉楚傖等到汕頭主持《中華新報》。1911年任姚雨平爲總司令的廣東北伐軍參議。迨國會成立，被聘爲參議院秘書，赴北京出席第一屆國會。民國初年任上海《太平洋報》、《民立報》主筆、編輯，並與高燮、姚光、蔡哲夫、李叔同、黃賓虹等發起組織國學商兌會。1913年2月與古直一道主編汕頭《大風日報》，爲革命日夜奔走，不遺餘力。1917年返粵，奉母居汕任教凡十年，期間曾兼任潮州、梅州鎮守使署和潮循道尹公署秘書。1927年至廣州任國民黨中央政治會議秘書。後曾任江蘇省政府秘書。20世紀30年代初任國民黨黨史史料編纂委員會編纂、國史館纂修等職。抗戰勝利後回鄉，1950年在家鄉病逝。編有《三民主義簡本》、《總理史跡稿》，並主持增修《總理年譜長編》。撰有《哭母詩一百首》、《林一厂日記》。

南社社友錄

南社入社書

姓名	林鐘鏮 號一廠
年歲	二十七歲
籍貫	廣東嘉應州汕頭
居址	中華新報
通訊處	全上
介紹人	葉楚傖

0068. 周承德

0068. 周承德（1877—1935），字佚生，浙江海寧人。1910 年 4 月由陳去病介紹入社，入社書編號 68。早年赴日本留學，入成城學校預習，旋考入早稻田大學博物科。1900 年前後畢業回國，受聘爲杭州求是書院教習。後在杭州優級師範、浙江第一師範學校任教。1912 年前曾在浙西釐務學堂任教。

南社社友錄

南社入社書

姓名	周承德 字佚生
年歲	三十四歲
籍貫 居址	浙江省杭州府海寧州 杭州城內上司馬渡巷
通訊處	杭州城內下珠寶卷 浙西務醝學堂
介紹人	陳佩忍

南社社友錄

0069. 陳訓恩

　　0069. 陳訓恩（1890—1948），字彥及，號布雷，筆名彥、畏壘，浙江慈谿人。1910年由鄒銓介紹入社，入社書編號69。1911年擔任上海《天鐸報》撰述記者、主筆。1912年1月孫中山代表民國臨時政府用英文起草的《對外宣言》，由其翻譯成中文率先在《天鐸報》發表。1920年任商務印書館《韋氏大字典》編譯。1921年1月出任《商報》編輯主任、主筆。1924年起兼任通商銀行文書員。1927年2月到南昌追隨蔣介石，擔任其私人秘書，並加入國民黨。1929年被選為國民黨中央候補監察委員。歷任浙江省政府委員兼教育廳廳長，教育部常務次長、政務次長，中央宣傳部副部長等職。著有《陳布雷回憶錄》、《陳布雷文集》、《畏壘評論集》。

姓名	陳訓恩
年歲	二十歲
籍貫	浙江慈谿
居址	慈谿西鄉二六市官橋材
通訊處	杭州蒲場巷高等學堂
介紹人	元和鄒銓

0070. 馮　泰
0071. 吳震中

0070.馮泰(1883—？),字餘生,號璵聲,江蘇金壇(今常州市金壇區)人。1910年由朱少屏介紹入社,入社書編號70。曾任汕頭嶺東商業中學堂教員,後任澄海縣民政長。

0071.吳震中（1890—？）,女,字啟華,江蘇崑山人。1910年由馮餘生介紹入社,入社書編號71。

姓名	年歲	籍貫 居址	通訊處 介紹人
馮吳啟餘華生	二十二 十八 一歲	江蘇 崑山 壇	北汕頭 馮朱 京商 璵少 師範業 學學 堂堂 聲屏 

0072. 陽兆鯤

0072.陽兆鯤（1875—？），字伯籛，號惕生，湖南醴陵人。1910年由雷鐵厓介紹入社，入社書編號72。1904年赴日留學，1905年10月14日，由黃興主盟加入中國同盟會。

南社入社書

姓名	年歲	籍貫 居址 通訊處	介紹人
陽兆鯤 字愓生	三十二歲	湖南長沙縣南失縣城來 府醴陵縣 鯉浦黃龍門陽 犬坡祠式萃豐豆斯美兩錢店為可	雷昭性

0073. 孔慶萊

0073.孔慶萊（1885—？），號藹如，浙江蕭山（今杭州市蕭山區）人。1910年8月由沈嘉康、朱叔源介紹入社，入社書編號73。早年東渡日本，入慶應大學留學，民國初年任職於上海商務印書館編譯所，著有《植物學大辭典》、《化學集成》等。

南社入社書

姓名	年歲	籍貫	居址	通訊處	介紹人
孔慶萊 號藹如	卅六歲	浙江蕭山	全上 臨浦鎮	商務印書館編譯所	沈帚俠 朱叔源

0074. 盧 淦

0074.盧淦（1881—？），字騷魂，號粹宗，又號鬼嘯生，江蘇金山（今上海市金山區）人。1910年由汪癡介紹入社，入社書編號74。

南社入社書

姓名	盧騷魂 號又號鬼嘯 粹素生
年歲	三十歲
籍貫居址	松江金山
通訊處	張堰南市
介紹人	張堰聚源益槳坊 野鶴

0075. 沈 雲

0075.沈雲（1862—？），字秋凡，號聞湖蘧廬生，浙江秀水（今嘉興）人。1910年由柳亞子介紹入社，入社書編號75。著有《舜湖竹枝詞》。

南社入社書

姓名	年歲	籍貫	居址	通訊處	介紹人
沈雲字秋凡	四十九	浙江秀水	盛澤斜橋街	盛湖公學	柳安如

0076. 沈厚慈

0076. 沈厚慈（1884—1915），字冰雪，一字孝則，號澹靜，舊號倚劍，廣東番禺（今廣州市番禺區）人。1910年由蔡哲夫介紹入社，入社書編號76。曾與盧諤生共任廣州《群報》主編。著有《在莒吟草》、《悼亡詩百絕》。

南社社友錄

南社入社書

姓名	年歲	籍貫	居住處	通訊人	介紹人
沈厚慈 字仌雪 一字孝則 號滄靜 舊號倚劍	二十七 當甲申年生	貴禺	廣州北門梧莊	廣州舊倉巷東皋沈廬	蔡有守

0077. 沈厚龢

0077.沈厚龢(1891—？)，原名澂，亦作徹，字季藹，又字天素，號向生，廣東番禺（今廣州市番禺區）人。沈厚慈之弟。1910年由蔡哲夫介紹入社，入社書編號77。

南社社友錄

南社入社書

姓名	年歲	籍貫	居址 通訊處	介紹人
沈厚䱳 字季謳 一字天素 號向丛 原名瀲	二十 宫曆辛卯年生	貴陽	廣州東 郊鷗村 農場　廣州舊 倉巷東 皋沈廬	蔡有守

0078. 張 柱

南社社友錄

    0078.張柱(1882—？),字處莘,廣東順德人。1910年由蔡哲夫介紹入社,入社書編號 78。清末民初曾任職於上海憲民學堂。

姓名	年歲	籍貫	居址	通訊處	介紹人
張柱 字憂華	二十九歲 壬午年五月初五日	廣東廣州順德縣龍江鄉	廣州城內兩帽街文桂里三十六號	上海虹口武昌路春暉里憲民學堂	蔡有守 

0079. 莫文源

0079. 莫文源（1886—？），又名森，字質馨，號則禹、佛予，別號則一，浙江烏程（今湖州）人。1910年由柳亞子介紹入社，入社書編號79。

南社入社書

姓名	年歲	籍貫 居址	通訊處	介紹人
莫文源 號質譽 佛子 則一 又名森	念五歲	浙江湖州府烏程縣 湖州東門縣下街崔家弄口敦仁堂莫第	湖州東門縣下街崔家衖口	柳棄疾

南社社友錄

0080. 朱 照

0080. 朱照（1874—？），字救黃，江蘇華亭（今上海市松江區）人。1910年由柳亞子介紹入社，入社書編號80。

南社社友錄

南社入社書

姓名	年歲	籍貫	居址	通訊處	介紹人
朱照 撫黃	三十七	華亭	松江東外	松江東外	柳安如

河南開封府錦衣政從局

0081. 陶賡照

0081. 陶賡照（1888—1948），字承周，號神州，浙江錢塘（今杭州）人。1910年由柳亞子介紹入社，入社書編號81。1904年就讀同里自治學社。1905年與柳亞子等人發起成立自治學會，參與創辦《自治報》。

南社入社書

姓名	陶神州
年歲	二十五歲
籍貫	浙江錢塘
居址	吳江黎里鎮
通訊處	上海南市蘇路車站
介紹人	柳亞盧

0082. 周亮才

0082. 周亮才（1887—？），號天石，浙江嘉興人。1910 年由陶廣照介紹入社，入社書編號 82。民國初年爲北京《民蘇報》成員。

南社入社書

姓名	周鴻才
年歲	二十四歲
籍貫	浙江嘉興
居址	新豐鎮
通訊處	上海南市閘神州車站
介紹人	

0083. 李瑞椿

0083.李瑞椿（1881—？），號季直，陝西咸寧（今西安市長安區）人。1910年10月29日由朱少屏介紹入社，入社書編號83。1911年3月在上海創刊《克復學報》，並任該報主筆兼發行人。

南社社友録

南社入社書

姓名	年歲	籍貫 居址	通訊處	介紹人
李瑞椿 號季直	三十歲	陝西咸陽	上海愛而朱紹屏近路慶祥里克復學報社	

0084. 郭 惜

0084.郭惜（1879—1961），原名成爽，字景廬，號步陶，四川隆昌人。1910年由朱少屏介紹入社，入社書編號84。1910年上海南洋中學畢業後留校任教。民初任《申報》編輯。1917年任上海《新聞報》編輯。1930年起兼任復旦大學新聞系教授。1937年上海淪陷後赴香港《星島日報》任職，並在青年記者學會香港分會中國新聞學院任院長。著有《編輯與評論》、《時事評論作法》、《國文典解表》、《共通原則論》等。

南社社友錄

南社入社書

姓名	郭成爽 鏡菜盧
年歲 籍貫	三十歲 四川隆昌縣
居址	家在隆昌縣南鄉桂花灣 現住上海大車站對門進行社
通訊處	上海大車站對門進行社
介紹人	朱少屏

南社社友錄

0085. 田　桐

　　0085. 田桐（1879—1930），字梓琴，號玄玄，晚年署玄玄居士、江介散人，筆名恨海，湖北蘄春人。1910年11月由朱少屏介紹入社，入社書編號85。1903年留學日本，入東京弘文學院。1905年6月與宋教仁、程家檉等創辦《二十世紀之支那》，同年8月參與組建中國同盟會。1906年與高旭、柳亞子等創辦《復報》。1907年奉孫中山之命，赴新加坡主持南洋同盟會機關報《中興日報》，又到泗水創辦《泗濱日報》。1911年3月與程家檉、景定成等創辦《國風日報》，8月與景定成等創辦《國光新聞》。1912年任南京臨時政府內務部參事、臨時參議院議員。1914年7月支持孫中山組建中華革命黨，並任中華革命黨湖北支部長兼湖北中華革命軍總司令。1917年任廣州大元帥府參議、國民黨廣東辦事處黨務科主任、韶關大本營宣傳處長。1923年加入上海停雲書畫社。1926年任江漢宣撫使兼湖北省政府委員。著有《扶桑詩話》、《詩存》、《聯存》等。

南社入社書

姓名	田桐 梓琴
年歲	三十二
籍貫	湖北蘄州
居址	本州
通訊處	蘄州北門外裕通號
介紹人	朱之屏

0086. 葉振謨

0086. 葉振謨（1885—1937前），字典任，一字典臣，安徽歙縣人。1910年10月30日由朱少屏介紹入社，入社書編號86。1903年在上海南洋中學畢業，後任上海浦東中學校長。曾與馮競任一起在蘇州創辦蘇蘇女學。

南社入社書

姓名	葉典臣 振謨
年歲	二十六
籍貫	安徽歙縣
居址	蘇州土街八十五号
通訊處	
介紹人	浦東中學 朱少屏

0087. 王蘊曾

0087. 王蘊曾（1881—？），字卓民，江蘇無錫人。1910年由柳亞子介紹入社，入社書編號87。

南社社友錄

南社入社書

姓名	王蘊章 卓民
年歲	三十
籍貫	無錫
居址	東門神仙上海南市柳安如榜新碼頭裏競化
通訊處	
介紹人	女校閒壁沈寔

南社社友錄

0088. 王蘊章

　　0088. 王蘊章（1884—1942），字蓴農，一作蒓農，號西神，別號西神殘客，化名紅鵝生，江蘇無錫人。1910年由柳亞子介紹入社，入社書編號88。1910年8月任《小說月報》主編。1912年民國成立後曾任南京臨時政府秘書。1928年後歷任滬江大學、南方大學、暨南大學等校國文教授。著有《雲外朱樓集》、《撚脂餘韻》、《雪蕉吟館集》、《秋平雲室詞》、《玉臺藝乘》、《墨傭餘瀋》及傳奇雜劇《碧血花》、《霜花影》等。

南社社友錄

南社入社書

姓名	年歲	籍貫	居址	通訊處	介紹人
王蘊章 尊農	二十六歲	江蘇無錫	無錫東門神仙橋	上海商務印書館編譯所	柳亞廬

0089. 何慕韓

　　0089. 何慕韓（1868—？），字野臣，號綠野耕夫，江蘇華亭（今上海市松江區）人。1910年由盧騷魂介紹入社，入社書編號89。

南社入社書

姓名	年歲	籍貫	居址	通訊處	介紹人
何慕韓 號楚臣 一號綠野耕夫	年四十三歲	華亭	南市張堰鎮坊	益美染	盧騂魂

0090. 朱文穎

0090. 朱文穎（1870—？），字春蟄，號穀蓀，浙江歸安(今湖州)人。1910年由莫質譽介紹入社，入社書編號90。

南社入社書

姓名	年歲	籍貫	居址	通訊處	介紹人
朱文頴 號穀孫 春蓺	四十一歲	浙江省湖州府歸安縣人	湖州府城內愛山街湖州中學堂	湖卅城內湖州中學堂	莫賓譽 

0091. 胡穎之

0091. 胡穎之（1878—？），字栗長，別署力漲，又號幸止，浙江山陰（今紹興）人。1909年11月由陳去病介紹入社，後補填入社書，編號91。1923年7月主編《新奉化》。著有《糞心簃詩草》、《全韻詩》、《客蜀雜錄》等。

南社入社書

姓名	胡穎之 字栗長
年歲	現年三十三歲
籍貫	浙江山陰縣
居址	家居紹興府新城河弄
通訊處	現在蘇州滄浪亭（自治籌辦處）
介紹人	陳佩忍

0092. 顧 欨
0093. 朱惟愷

0092. 顧欨（1879—？），字榆清，江蘇南匯（今上海市浦東新區）人。1910年由夏昕葇介紹入社，入社書編號92。

0093. 朱惟愷（1890—？），字壽薆，江蘇南匯（今上海市浦東新區）人。1910年由夏昕葇介紹入社，入社書編號93。

南社入社書

姓名	年歲	籍貫 居址	通訊處 介紹人
顧敦 字榆清	三十二	南滙新場鎮	周浦夏昕 同泰生藥 紙號轉交
朱惟愷 字壽藎	二十一	仝前周浦鎮	仝前 仝前

0094. 沈 翰

0094. 沈翰（1879—1967），字懶龍，一字孟騫，號墨仙，江蘇華亭（今上海市松江區）人。1910年由高旭介紹入社，入社書編號94。1961年被聘爲上海文史研究館館員。

南社社友錄

南社入社書

姓名	年歲	籍貫	居址	通訊處	介紹人
沈 名 翁 號 雲仙 字 懶龍	卅二	江蘇華亭縣	松江西門外秀野橋北上海邑廟書畫善會		高劍公

0095. 朱芾

0095.朱芾（1878—？），號伯裳，江蘇南匯（今上海市浦東新區）人。1910年8月由俞鍔介紹入社，同年12月2日補填入社書，入社書編號95。

南社社友錄

南社入社書 庚戌年十同月 日

姓名	年歲	籍貫	居址	通訊處	介紹人
朱帶 號伯裳	三十有三歲	江蘇省 南匯縣	同上	日本東京名 京千葉縣 千葉町 千葉醫學校	俞鍔

南社社友錄

0096. 黃 質

0096. 黃質（1865—1955），字樸存、樸人，號賓虹、濱虹，別署予向、虹廬、虹叟，安徽歙縣人。1909 年 11 月由朱少屏介紹入社，1910 年 12 月 16 日補填入社書，入社書編號 96。1906 年與陳去病等共同發起黃社，以詩文鼓吹革命。1907 年參與組織國學保存會，協助鄧實、黃節編輯《政藝通報》、《國粹學報》、《國粹叢書》。1909 年襄辦神州國光社，編印畫報《神州國光集》。1910 年 10 月參與籌辦上海留美預備學堂，任國文教習兼掌校務。1912 年發起組織貞社，自任社長，並先後任《神州日報》、《國是報》、上海《時報》社編輯，商務印書館美術主任，主編《美術週刊》。1926 年發起組織中國金石書畫藝觀學會，主編《藝觀畫報》、《藝觀》雜誌；參加海上題襟館金石書畫會、中國畫會。1928 年 3 月任神州國光社美術部編輯主任，同年組織爛漫畫社，被推爲社長。1929 年參加中國學會，同鄭午昌等合辦蜜蜂畫社。1930 年初創辦中國文藝學院，任院長，兼昌明藝術專科學校國畫理論課教授。1932 年任上海美術專科學校國畫理論教授，同年 9 月主編《畫學月刊》。1933 年參與發起百川書畫會，任理事。1951 年任中央美術學院華東分校教授。1953 年被華東軍政委員會文化局授於"中國人民優秀畫家"榮譽稱號。著有《古畫微》、《畫學通論》、《畫法要旨》、《虹廬畫談》、《黃山畫家源流考》、《濱虹草堂藏印》、《濱虹草堂集古璽印存》等。

南社社友錄

南社入社書庚戌年十二月十五日

姓名	年歲	籍貫	居址	通訊處	介紹人
黃質 號朴人	四十一	徽州府歙縣	歙西潭渡村	國粹學報館	朱少屏君

南社社友錄

0097. 胡韞玉

0097.胡韞玉(1878—1947)，原名有忭，後更名韞玉，字仲明，一作頌民，號樸安，一作樸庵，別署半邊翁，安徽涇縣人。1910年12月17日由朱少屏介紹入社，入社書編號97。1906年赴上海加入國學保存會，後又進鄧實主編的《國粹學報》社任撰稿、編輯。1909年加入中國同盟會。1911年與戴季陶在上海主辦《民權報》。1912年任《太平洋報》專電編輯。曾先後任《民立報》、《中華民報》、《天鐸報》、《民強報》、《民國新聞》等報編輯(有時主筆政)，並兼任中國公學、復旦公學教授。1916年任《民國日報》主筆，並主編《民國日報·國學週刊》。1920年與汪子實在上海發起成立鷗社。1926年任《民國日報》社社長。1928年與姚光、陳乃乾發起組織中國學會，1937年抗日戰爭全面爆發後，任上海政論社社長。抗戰勝利後復任《民國日報》社長、上海市通志館館長。著有《中國學術史》、《中國文字學史》、《中國訓詁學史》、《文字學ABC》、《文字學研究法》等。

南社社友錄

南社入社書 庚戌年十二月 日

姓名	年歲	籍貫 居址	通訊處	介紹人
胡韞玉 字仲明	三十三	安徽 涇縣	井絡	國粹學報 朱少屏

0098. 林萬里

　　0098.林萬里（1873—1926），原名獬，後更名萬里，又名宣樊，字少泉，一字肖泉，號白水，別署地雷、白話道人、退室學者，福建侯官（今閩侯）人。1910年8月由陳去病介紹入社，同年12月17日補填入社書，入社書編號98。1901年6月創刊《杭州白話報》。1903年與章太炎、蔡元培等人發起成立中國教育會，組織愛國學社，出版《學生世界》雜誌，並與蔡元培等創辦《俄事警聞》；同年東渡日本，與黃興等組織華興會，繼入早稻田大學法科，兼習新聞科，並加入拒俄義勇隊。後返上海，創辦《中國白話報》、《警鐘日報》。後參加中國同盟會。1910年擔任《民聲叢報》主要撰稿人。1911年福建光復後，任福建都督府法制局局長，主編《新中國日報》。1916年9月在北京創辦《公言報》。1919年在上海創辦《平和日報》。1921年返回北京創辦《新社會報》（1922年復刊後改名爲《社會日報》）。1926年8月6日被張宗昌下令逮捕殺害於北京天壇。著有《中國民約精義》、《各國憲法源泉》、《生春紅室金石述記》等。

南社社友錄

南社入社書

姓名	林萬里
年歲	三十八歲
籍貫	福建侯官縣
居址通訊處	上海新馬路梅福里
介紹人	仝上
	陳巢南

庚戌年十一月十日

0099. 王鍾麒

0099. 王鍾麒（1880—1913），字毓仁，一字鬱仁，號無生，別署天僇生、天僇、僇民、益厓、三函，安徽歙縣人。1910年8月由朱少屏、柳亞子介紹入社，同年12月17日補填入社書，入社書編號99。1906年到上海，擔任《申報》筆政，參加國學保存會。1907年4月參與創辦《神州日報》，主筆政，後繼任主編。1909年5月任《民呼日報》撰述、編輯，後又任《民籲日報》編輯、撰述。1910年參與編輯《天鐸報》。1912年9月在上海與章士釗創刊《獨立週報》。著有《中國歷代小說史論》、《論小說與改良社會之關係》、《中國三大小說家論贊》、《劇場之教育》、《孤臣碧血記》、《玉環外史》、《軒亭復活記》以及劇本《血淚痕傳奇》、雜著《述庵秘錄》等。

南社社友錄

南社入社書 庚戌年十二月廿五日

姓名	年歲	籍貫	居址通訊處	介紹人
王鍾麒 字毓仁 號無生又號天僇	三十一歲	歙縣	揚州粉妝巷 神州日報社	朱少屏 柳亞廬

0100. 瞿鉞

0100.瞿鉞（1880—1953），字紹伊，號無用，上海人。1910年12月17日由朱少屏介紹入社，入社書編號100。早年赴日本留學，習法政。1906年與高旭、朱少屏等創辦中國公學、健行公學。1911年6月任上海中國國民總會編輯。民國初期曾任職於長春吉林省公署，先後在外交、教育、審計、司法、市政等部門供職。曾主持吉林《長春日報》，並任《吉長日報》記者、《申報》北方版編輯。1920年回上海後曾主辦《春申報》。1953年12月被聘爲上海文史研究館館員。

南社社友錄

南社入社書 庚戌年十一月十日

姓名	閔褚鉞 繼伊
年歲	三十
籍貫	嘉
居址	東塘浦
通訊處	上海民立報館 寓居轉
介紹人	朱少屏

0101. 朱肇昇

0101. 朱肇昇（1885—1977），字叔建，又字建剛，江蘇華亭（今上海市松江區）人。1910年12月17日由朱少屏介紹入社，入社書編號101。1906年留學日本清華學校，並加入中國同盟會。1912年任南京民國臨時政府司法部秘書，1927年創辦松江景賢女子中學。1935年至1949年，先後任中華職業教育社教員、上海鴻英圖書館主任和中華職業工商專科學校教授等職。著有《白下酬唱集》、《華亭酬唱集》等。

南社社友錄

南社入社書 庚戌年十二月 日

姓名	朱建 姘肇昇
年歲	二十六歲
籍貫	松江華亭
居址	松江東門外華陽橋
通訊處	全上 武北京松江會館
介紹人	朱少屏

0102. 陸曾沂

0102. 陸曾沂（1884—1927），字冠春，號秋心，別署南夢、秋江，江蘇崇明（今上海市崇明區）人。1910年12月18日由柳亞子、朱少屏介紹入社，入社書編號102。1909年任上海《民呼日報》撰述，後又任《民立報》主筆。1917年任復旦大學國文教授。1927年9月歿於上海。著有短篇小說集《秋心說部》、《雙淚碑》、《墨沼疑雲錄》等。

南社社友錄

南社入社書

庚戌年十二月　日

姓名	陸曾沂　冠玄
年歲	廿又
籍貫	崇明
居址 通訊處	上海南民立報館 秦興里 永衛 青年
介紹人	柳亞子 朱少屏

0103. 吳相融

  0103. 吳相融（1887—1949），原名炳蔚，字豹軍，號破虜，江蘇吳江（今蘇州市吳江區）人。1910年12月18日由朱少屏、柳亞子介紹入社，入社書編號103。1906年春入健行公學就讀。1917—1920年任江蘇崑山縣縣長，後任丹陽縣縣長。1934年再次出任崑山縣縣長。1937年供職於陝西省洋縣政府。

南社入社書

庚戌年十二月 日

姓名	吳影
年歲	二十
籍貫	江蘇吳江
居址	蘇州閶門外裝駕橋田雞巷不等
通訊處	仝上 又屏 上海日暉橋柳人南澤中孝
介紹人	朱少屏 柳人權

南社社友錄

0104. 包公毅

  0104.包公毅（1876—1973），初名清柱，後改名公毅，字朗生、朗孫、德寶，號天笑，別號包山，筆名天笑生、拈花、釧影樓主、秋星閣主等，江蘇吳縣(今蘇州市吳中區)人。1910年8月由朱少屛介紹入社，同年12月19日補填入社書，入社書編號104。早年在蘇州曾參與組織勵學社，出版《勵學譯編》月刊，創辦並主編《蘇州白話報》旬刊。1906年任《時報》副刊《餘興》編輯。1910年主編《小說時報》，後又主編《婦女時報》，同時擔任《小說林》編輯。1912年入商務印書館，重編《新社會》。1915年至1916年先後主編《小說大觀》和《小說畫報》。1919年擔任《晶報》主要撰稿人。1922年編輯《星期》週刊和《女學生》雜誌。1935年任《立報》副刊《花果山》主編。著有《冥鴻》、《苦兒流浪記》、《留芳記》、《拈花記》、《上海春秋》、《雨過天青》、《空谷蘭》、《馨兒就學記》、《釧影樓回憶錄》、《釧影樓回憶錄續編》等。

南社社友錄

南社入社書

庚戌年十二月　日

姓名	迮公毅
年歲	三十五歲
籍貫	江蘇吳
居址	上海愛爾琴路廣祥里
通訊處	上海中平朱少屏轉秋星社
介紹人	

0105. 胡懷琛

　　0105.胡懷琛（1886—1938），原名有懷，後更名懷琛，字季仁、季塵，號寄塵，別署秋山，安徽涇縣人，胡韞玉之弟。1910年12月23日由朱少屏介紹入社，入社書編號105。1911年任《神州日報》編輯。武昌起義後與柳亞子在上海主編《警報》。1925年任《戲劇叢報》編輯。1924年起任商務印書館編輯，主編《小說世界》。1932年起任上海通志館編纂，主纂《學藝編》。曾任上海滬江大學、中國公學、國民大學、持志大學、正風文學院、上海藝術師範大學、南方大學、上海大學、愛國女校等校教授。著有《中國文學史概要》、《中國歷代小說史論》、《中國民歌研究》、《中國詩學通評》、《中國小說研究》以及《清季野史》、《修辭學要略》等。

南社社友錄

南社入社書 宣統貳年冬三月廿二日

姓名	年歲	籍貫	居址	通訊處	介紹人
胡懷琛 字季仁 號寄塵	念一	安徽涇縣	涇縣東鄉丹谿	國粹學報	胡仲明轉 朱少屏

0106. 陳家鼎

  0106.陳家鼎（1876—1928），一名曾，字可毅，號漢元、禿陀，別署半僧、毅君、汗園、漢援、小梅道人等，湖南潭州（今長沙市寧鄉縣）人。1911年1月10日由柳亞子介紹入社，入社書編號106。1902年秋留學日本，入早稻田大學政治經濟科，後獲法學士學位。1903年參加拒俄義勇隊。1904年加入華興會及其分會同仇會。1905年8月在東京加入中國同盟會，任總部評議部評議員，與章炳麟、胡漢民等創辦《民報》；10月與寧調元等在東京創辦《洞庭波》雜誌。1912年8月參與同盟會改組爲國民黨。1913年2月當選爲北京政府第一屆國會眾議院議員。二次革命失敗後流亡日本，在東京加入中華革命黨。1917年南下廣東護法，出席非常國會會議，參與組建護法軍政府。1923年被委以大元帥府參議。著有《百尺樓詩集》、《半僧齋詩文集》等。

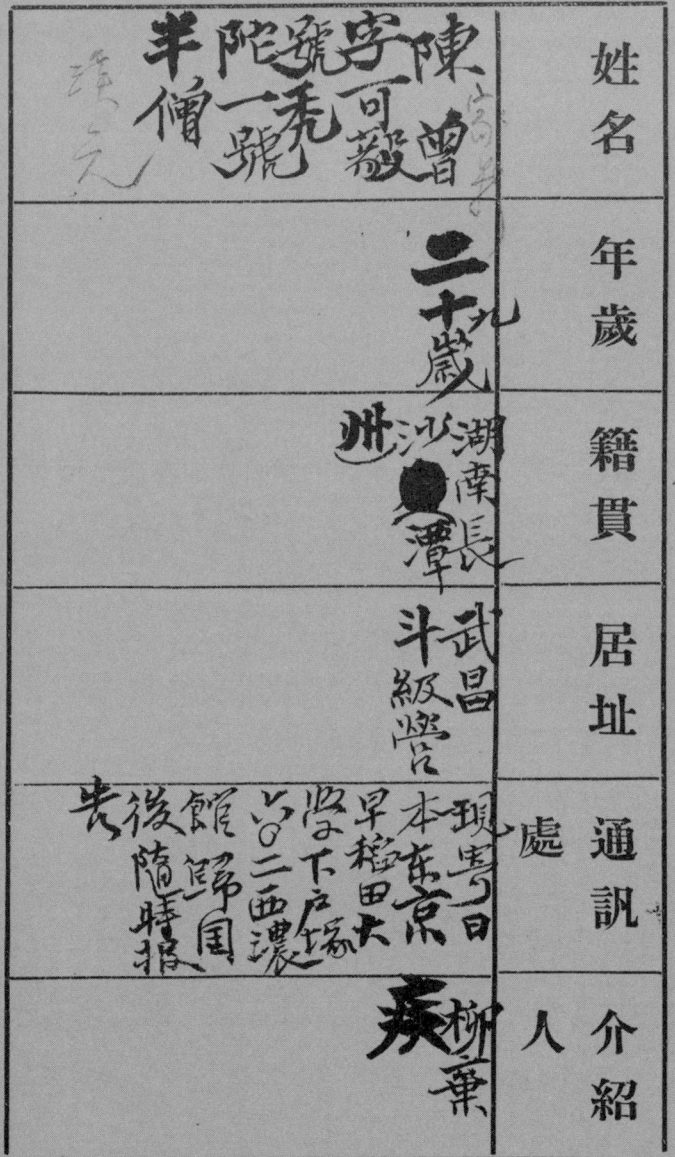

0107. 張　彝

0107. 張彝（1885—1946），字則民，江蘇高郵人。1911年1月10日由朱少屏介紹入社，入社書編號107。1906年考入復旦公學。辛亥革命前在漢口高等商業學堂任教，後曾供職於上海商務印書館編譯所。20世紀30年代任華商紗廠聯合會總幹事。譯有《漢譯溫德華士幾何學》。

南社社友錄

南社入社書 庚戌年十二月 日

姓名	張簨，則民
年歲	念六
籍貫	江蘇省
居址	鎮江金山商務書館
通訊處	郵寄收轉 編輯所
介紹人	竹屏

0108. 古　直

　　0108. 古直（1885—1959），字公愚，號孤生，別署層冰、退庵，廣東嘉應州（今梅州市）人1911年1月21日由葉楚傖介紹入社，入社書編號108。中國同盟會會員。1907年冬，與鍾動等組織成立冷圃詩社，後又創辦梅州高等小學。1911年到汕頭任《中華新報》編輯。武昌起義後，與鍾動等人在梅城組織起義，任梅州軍司令部秘書長。民國成立後，被任命爲汕頭同盟會機關部秘書長。1913年在汕頭創辦《大風日報》，任社長。1914年，在梅州創辦龍文鄉教育會及龍文公學。1919年任廣東軍政府陸軍部秘書。1925年後任廣東大學教授、中山大學文學院中國語言文學系主任等職。1953年被聘爲廣東省文史研究館館員。著有《層冰文略》、《曹子建詩箋》、《陶靖節詩注》等。

南社社友錄

南社入社書 庚戌年十二月廿一日

姓名	年歲	籍貫	居址	通訊處	介紹人
古直 公愚	念五歲	廣東嘉應州	汕頭中華新報社	汕頭中華新報社	葉崇源

0109. 曾 賾

0109. 曾賾（1890—1965），字勇父，一作勇甫，號繁霜，廣東嘉應州（今梅州市）人。1911年1月21日由葉楚傖介紹入社，入社書編號109。早年曾參與成立冷圃詩社。1908年留學日本早稻田大學，在東京加入中國同盟會。1911年任職《中華新報》社，武昌起義爆發後，與鍾動等人成立梅州起義指揮部，使梅州和平光復。

南社社友錄

南社入社書 庚戌年十二月 日

姓名	曾勇父
年歲	念歲
籍貫	廣東嘉應州
居址	嘉應州城北渡圍
通訊處	嘉應州城北渡圍
介紹人	葉宗源

0110. 曾 擇

　　0110. 曾擇（1890—？），字伯慈，廣東嘉應州（今梅州市）人。1911年1月25日由葉楚傖介紹入社，入社書編號110。中國同盟會會員。1907年加入冷圃詩社。曾任職於汕頭《中華新報》社。

南社社友錄

南社入社書 庚戌年十二月念五日

姓名	曾擇 伯慈
年歲	念二歲
籍貫	廣東嘉應州
居址	嘉應州城百川當店
通訊處	汕頭中華新報社
介紹人	葉宗源

南社社友錄

0111. 陳子範

　　0111.陳子範(1883—1913)，字勒生，號稱生，別署燕市酒徒、散髮酒徒、大楚擊築，福建侯官（今閩侯）人。1911年1月25日由柳亞子介紹入社，入社書編號111。中國同盟會會員。1913年宋教仁被刺後，與林庚白、林森、陳銘樞等創組"鐵血剗除團"。

南社社友錄

南社入社書 宣統二年十二月十五日

姓名	年歲	籍貫居址	通訊處	介紹人
陳子範 字勒生 又號稱生	二十八	福建福州府侯官縣人 蕪湖城外花雜山後洋房第三號 蕪湖新閘		柳亞子 疾

0112. 李維翰

0112. 李維翰（1874—1923），字芑香，江蘇華亭（今上海市松江區）人。1911年2月6日由朱少屏介紹入社，入社書編號112。早年留學日本，加入中國同盟會。1910年創辦《茸報》旬刊。曾任職於上海《申報》館。

南社社友錄

南社入社書

辛亥年 二月 日

姓名	年歲	籍貫	居址	通訊處	介紹人
李子維翰	三十八	江蘇華亭	松府城東門外張塔橋	申報館	朱少屏

0113. 張　素

0113. 張素（1877—1945），字揮孫，又字穆如，號嬰公，江蘇丹陽人。1911年2月6日由林懿均介紹入社，入社書編號113。早年主筆《南方日報》及《新聞報》，後主持《遠東報》筆政，並與陶小柳一起發起組織遼社。著有《悶尋鸚館詩抄》、《草間集》、《瘦眉詞卷》及《嬰公文存》等。

南社社友錄

南社入社書 辛亥 〇月〇日

姓名	張揮孫
年歲	廿五
籍貫	丹陽
居址	城內
通訊處	丹陽商會
介紹人	林力山

0114. 姜 若

0114.姜若（1879—1944），譜名鴻寶，字參蘭，號胎石，別號證禪、枕仙，江蘇丹陽人。1911年2月6日由林懿均介紹入社，入社書編號114。著有《國文法綱要》。

南社社友錄

南社入社書 辛未正月 日

姓名	姜照石
年歲	五十
籍貫	丹陽
居址	城內
通訊處	丹陽商會
介紹人	林力山

南社社友錄

0115. 戴傳賢

0115. 戴傳賢（1890—1949），本名良弼，字選堂，一字季陶，號天仇，晚號孝園，浙江湖州人。1911年2月10日由朱少屏介紹入社，入社書編號115。1905年留學日本弘文學院師範科，1907年轉入東京日本大學法科，任該校中國留日學生同學會會長。1910年任上海《天鐸報》主筆、總編輯。1911年至南洋檳榔嶼擔任《光華日報》編輯，並加入中國同盟會。1912年與周浩等創辦《民權報》。1913年爲《國民月刊》主要撰稿人。二次革命失敗後流亡日本，參與編輯《民國》雜誌，並加入中華革命黨。1916年任《民權素》月刊及《民國日報》撰稿人。1917年任廣州護法軍政府秘書長兼海陸軍大元帥府秘書長、外交部副部長等職。1919年與朱執信、沈玄廬、李漢俊等創辦《星期評論》週刊，同年與胡漢民、朱執信、汪精衛、廖仲愷等組織建設社，創辦《建設》雜誌。著有《孫文主義之哲學基礎》、《國民革命與中國國民黨》、《日本論》、《青年之路》、《天仇文集》、《天仇叢話》等。

南社社友錄

南社入社書

姓名	戴李陶 仇夫
年歲	二十一歲
籍貫	浙江湖州
居址	上海
通訊處	天鐸報館
介紹人	朱少屏

辛亥年之月十二日

0116. 漆文光

0116.漆文光（1892—？），號雲卿，湖南湘潭人。1911年2月10日由陽兆鯤介紹入社，入社書編號116。

南社社友錄

南社入社書　辛亥年正月十一日

姓名	年歲	籍貫	居址	通訊處	介紹人
潘子之 號雲鄉	三十歲	湘潭 湖南醴陵	醴陵口 派乃盂	李驛陽伯 錢	全

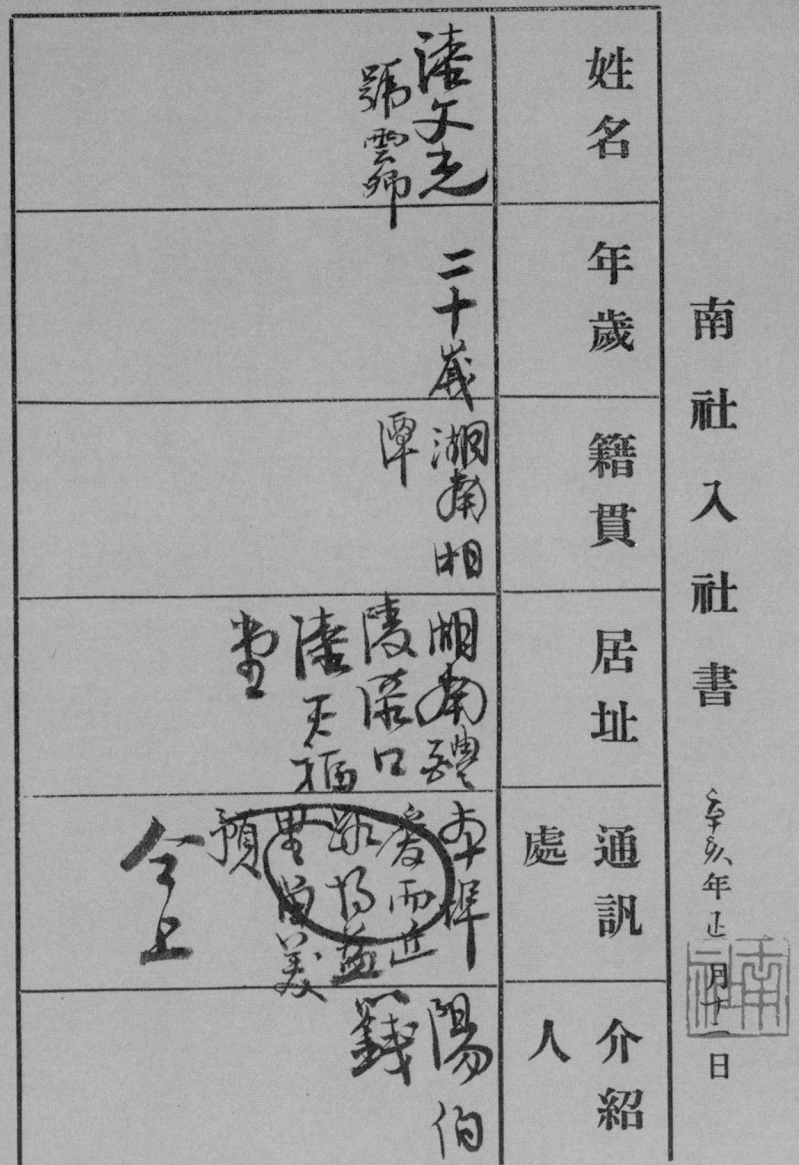

0117. 俞宗原

0117. 俞宗原（1875—1923），原名原，後更名宗原，字宜長，號語霜，別署子亮、女床山民，浙江歸安（今湖州）人。1911年2月11日由陽兆鯤介紹入社，入社書編號117。傳世作品有《大士像》軸、《語霜遺墨》、《春水草堂遺墨》。

南社社友錄

南社入社書　辛亥年正月廿日

姓名	俞宗遼 語霜
年歲	卅六歲
籍貫	浙江遂安
居址通訊處	蘇州葑門葑公巷
介紹人	陽兆鯤

0118. 承家麟

0118. 承家麟（1882—1939），字玉書，江蘇江陰人。1911年2月11日由俞鍔介紹入社，入社書編號118。

南社入社書

姓名	年歲	籍貫	居址	通訊處	介紹人
承家麟 字玉書	三十歲	江蘇常州江陰縣	江陰東門外三官鎮	蘇路營業所	俞君劍華

辛酉正月十二日

0119. 汪振鏞

0119. 汪振鏞（1893—？），字閏知，號桐生，江蘇吳縣（今蘇州市吳中區）人。1911年2月11日由俞鍔介紹入社，入社書編號119。

南社入社書 辛亥年正月 日

姓名	年歲	籍貫	居址通訊處	介紹人
汪振鏞 字聞知 又字桐生	年十九歲	江蘇蘇州府吳縣	蘇城東花橋巷 蘇路上海站電報房	俞君劍華

0120. 宋銘縠

0120.宋銘縠（1881—？），字繩祖，號詒于，江蘇長洲（今蘇州市）人。1911年2月12日由陶廙照介紹入社，入社書編號120。

南社社友錄

南社入社書　三年正月　日

姓名	年歲	籍貫	居址	通訊處	介紹人
宋銘轂 字繩祖 號詒子	年三十一歲	江蘇長洲	蘇州胥門內夏侯橋東塊	蘇路營業所閘神州	

0121. 丁義明

　　0121. 丁義明（1877—？），字子峻，號更生子，浙江定海（今舟山市定海區）人。1911年2月13日由程光甫、柳亞子、朱少屏介紹入社，入社書編號121。

南社社友錄

南社入社書 辛亥年正月十五日

姓名	年歲	籍貫	居址	通訊處	介紹人
丁義明 字子峻別號更生子 前肄業上海北洋中國地學總會名譽社員揚州復古社員 二十入洋 二十三補廩 二十八充初級教員 三十一調升中學 三十三兼中高兩校學務會名譽社員本年新檢定高小正副教員 格致現橋住	三十五	浙江	東門外定海閩報 寧波定海直隸 板橋側	程宗裕	柳棄疾 朱葆康

社長钤印

0122. 周 珏

0122. 周珏（1883—？），字志成，一作自成，浙江嘉善人。1911年2月13日由孫逸清介紹入社，入社書編號122。日本早稻田大學畢業。民初爲臨時參議院議員、眾議院議員。1923年署駐橫濱總領事。1925-1934年任駐神戶總領事，國民黨駐神戶支部執行委員。回國後，任國民政府外交部駐滬秘書、駐滬辦事處處長。抗戰時附逆，曾任汪僞國民黨政府外交部駐滬辦事處處長、華北政務委員會外務局代理局長。

南社社友錄

南社入社書　年　月　日

姓名	
年歲	
籍貫	
居址	
通訊處	
介紹人	

0123. 張庭輝

0123.張庭輝（1882—？），字雅言，號彥成，一作彥臣，浙江嘉善人。1911年2月13日由孫逸清介紹入社，入社書編號123。

南社社友錄

南社入社書

年　月　日

姓名	
年歲	
籍貫	
居址通訊處	
介紹人	

0124. 李雲虁

0124. 李雲虁（1883—？），字右銘，號一民，浙江嘉善人。1911年2月18日由柳亞子介紹入社，入社書編號124。

南社社友錄

南社入社書　年　月　日

姓名	
年歲	
籍貫	
居址	
通訊處	
介紹人	

南社社友錄

0125. 陳其美

0125.陳其美（1878—1916），字英士，號無爲，別署高野英，化名朱志新，浙江吳興（今湖州）人。1911年2月18日由柳亞子介紹入社，入社書編號125。1906年夏赴日本東京警監學校留學，加入中國同盟會。1910年1月創刊《中國公報》，5月協同姚勇忱創辦《民聲叢報》，與于右任、宋教仁等創辦《民立報》。1911年與宋教仁等在上海成立同盟會中部總會，任庶務部長。上海光復，被推舉爲滬軍都督。與韓國志士申圭植等組織新亞同濟社。二次革命爆發，任上海討袁軍總司令。1914年在日本組建中華革命黨，被推爲總務長。1915年任淞滬中華革命軍司令，創辦《五七》報。

南社社友錄

南社入社書

年　月　日

姓名	
年歲	
籍貫	
居址	
通訊處	
介紹人	

0126. 張傳琨

0126. 張傳琨（1889—1961），字卓身，號子石，筆名葡萄仙子，浙江平湖人。1911年2月18日由陳其美介紹入社，入社書編號126。早年留學日本，參加中國同盟會。1911年11月上海光復時曾與陳其美等一道攻打江南製造局。

南社社友錄

南社入社書 辛亥年正月 日

姓名	年歲	籍貫	居址	通訊處	介紹人
張晏	二十三	浙江平湖	平湖西澗同上		陳無為

0127. 黃盛啟

0127. 黃盛啟（1885—？），字田光，安徽合肥人。1911年2月22日由朱少屏介紹入社，入社書編號127。

南社社友錄

南社入社書 三年正月念四日

姓名	黃盛啟田光
年歲	二十七
籍貫居址	安徽合肥縣鎮淮樓
通訊處	上海民立報
介紹人	朱少屏

南社社友錄

0128. 劉躬

  0128. 劉躬（1878—1947），原名林之夏，字涼笙，一作涼生，又字亮生，號秋葉，別署復生、黃須兒，化名劉躬，字伯行，福建南安人。1909年11月由柳亞子介紹入社，1911年2月27日補填入社書，入社書編號128。1904年福建武備學堂畢業後，在南京任軍隊教練官。1905年加入中國同盟會。1912年任南京民國臨時政府中央第一師師長。1943年與朱劍芒、邱復等組織南社閩集。著有《幕府集》、《海天橫涕樓詩文集》及《埋瓷挖瓷歌》等。

南社社友錄

姓名	劉鵞
年歲	二十七
籍貫	福建安南
居址 通訊處	南京
介紹人	柳安如 柳安如

南社入社書 辛亥年正月 日

0129. 程　傑

0129. 程傑（1884—？），字振奇，浙江嘉善人。1911 年 2 月 28 日由周志成、費公直介紹入社，入社書編號 129。

南社社友錄

南社入社書 辛亥年正月初七日

姓名	年歲	籍貫 居址	通訊處	介紹人
程傑 字振奇	二十八	浙江省嘉興府嘉善縣楓涇鎮	嘉善西塘費公直	求益學堂 周志成

0130. 鄭 傳

0130. 鄭傳（1886—1922），原名之蘭，字伯鳳，號詠春，江蘇吳江（今蘇州市吳江區）人，鄭瑛兄。1911年3月1日由柳亞子介紹入社，入社書編號130。

南社社友錄

南社入社書 宣統叁年貳月朔日

姓名	年歲	籍貫	居址	通訊處	介紹人
鄭傳 號詠春	二十六	江蘇 吳江	盛澤 鎮東 大街	蘇垣滄浪亭 江蘇高等學堂	柳棄疾

0131. 李德群

0131. 李德群（1875—？），字經輿，湖南湘陰人。1911年3月1日由朱少屏介紹入社，入社書編號131。

南社社友錄

南社入社書 宣統三年二月　日

姓名	年歲	籍貫	居址	通訊處	介紹人
李德羣字經興	三十七歲	湖南長沙府湘陰縣	湖南湘陰東鄉神鼎山下	湖南咨議局	朱少屏

南社社友錄

0132. 孫 元

　　0132. 孫元（1882—1911），一名負沈，又名銘，字幼符，號竹丹，江蘇上元（今南京市）人。1911年3月4日由柳亞子介紹入社，入社書編號132。早年留學日本東京振武學校。1905年參與發起成立中國同盟會，被推爲同盟會安徽分會會長。1909年在日本被共進會推舉爲安徽大都督。1911年6月被暗殺。1912年由宋教仁、劉揆一等12人發佈公啓，以白其冤，柳亞子曾爲撰《孫君竹丹事略》及《爲孫君竹丹昭雪啓》。有《孫烈士竹丹遺集》存世。

南社社友錄

南社入社書 辛亥年二月四日

姓名	孫員沈
年歲	三十歲
籍貫	江蘇上元
居址 通訊處	日本東京小石川水道端二ノ六十四東鄉娥 同上
介紹人	柳棄疾

0133. 胡允恭

0133. 胡允恭（1878—？），字尹諧，亦字寅階，號畏盦，江蘇丹陽人。1911年3月25日由林懿均介紹入社，入社書編號133。

姓名	年歲	籍貫 居址	通訊處	介紹人
胡允恭 字尹諧 亦字寅階 號畏盦	三十四歲	江蘇鎮江丹陽門城外	丹陽東門丹陽商會或高等小學	林歷山

0134. 夏允麐

0134. 夏允麐（1883—1913），字昕藁，一作昕渠，江蘇南匯（今上海市浦東新區）人。1911年3月29日由朱少屏介紹入社，入社書編號134。早年赴日本留學。1906年在日本加入中國同盟會。1911年松江光復後任軍政分府財政部總務科長。

南社社友錄

南社入社書 辛亥年二月初□日

姓名	夏允麐
年歲	二十八
籍貫居址	南匯江蘇
通訊處	松江城中松江府署東清華女學校
介紹人	朱少屏

0135. 金光弼

0135.金光弼（1885—1941），字夢良，江蘇吳江(今蘇州市吳江區)人。1911年4月3日由沈昌直介紹入社，入社書編號135。1912年創辦盛澤南區小學、北區小學。

南社入社書　辛亥年三月五日

姓名	年歲	籍貫	居址	通訊處	介紹人
金光薌	二十六歲	吳江	盛澤卜家衖	西塘平川學堂	沈允若

0136. 陳其槎

0136. 陳其槎（1872—1923），字安瀾，號安廬，江蘇元和（今蘇州市）人。1911年4月3日由沈昌直介紹入社，入社書編號136。

南社社友錄

南社入社書 辛亥年三月五日

姓名	陳其樵
年歲	四十歲
籍貫	元和
居址	周莊東港蘆墟陶頭
通訊處	冶學校
介紹人	沈允若

0137. 陳毓川

0137. 陳毓川（1876—1953），字泉卿，號白水，浙江奉化人。1911年4月5日由陳其美介紹入社，入社書編號137。中國同盟會會員。早年曾就讀於鳳麓中學。1912年任南京民國臨時政府參議院議員。

南社社友錄

南社入社書 辛亥年三月　日

姓名	年歲	籍貫	居址	通訊處	介紹人
陳毓川 字泉卿	三十六歲	浙江奉化人	奉化前 上海馬霍路德福里三百八十一號		陳英士

0138. 江鏡清

0138. 江鏡清（1876—？），字頑磬，浙江奉化人。1911年4月5日由陳其美介紹入社，入社書編號138。

南社社友錄

南社入社書　辛亥年三月　日

姓名	江鏡清 字頑豁
年歲	三十六歲
籍貫	浙江奉化人
居址	本邑棠溪
通訊處	上海棋盤街新學會社
介紹人	陳英士

0139. 浦 武

0139.浦 武（1884—？），原名軍年，字君彥，號醒華，江蘇金匱（今無錫市）人。1911年4月11日由葉楚傖介紹入社，入社書編號139。

南社社友錄

南社入社書 辛亥年三月十二日

姓名	年歲	籍貫	居址	通訊處	介紹人
浦武 字君彥 一字醒華	二十八歲	江蘇常州府金匱縣人	后橋鎮石室莊	北京正陽門神廟大學堂法政科	葉楚傖

0140. 孫延庚

0140.孫延庚（1869—？），字警僧，一字經笙，號今身，江蘇吳江（今蘇州市吳江區）人。1911年4月17日由柳亞子介紹入社，入社書編號140。1906年7月任《新世界小說社報》月刊編輯。著有《中國文學史集說及著作》。

南社社友錄

南社入社書　辛亥年三月十七日

姓名	年歲	籍貫	居址	通訊處	介紹人
孫延庚 號警僧 今一號 身	四十三	江蘇吳江人	盛澤姚鴻昌供	上海大南門外民立上海中學	盛澤姚鴻昌街本宅 柳安如君

0141. 宋　琳

0141.宋琳（1887—1952），字克強，號紫佩、子佩，浙江會稽（今紹興）人。1911年4月22日由陳去病介紹入社，入社書編號141。早年就讀於杭州浙江兩級師範學堂，後在紹興府中學堂與陳去病等組織匡社，又與魯迅等一起組織越社。紹興光復後創刊《越鐸日報》，後又辦《民興日報》、《天覺報》。1913年到京師圖書館分館供職。1919年兼任北京第一監獄教誨師。

南社社友錄

南社入社書

辛亥年二月□日

姓名	宗琳 張克
年歲	四十二
籍貫	浙江會稽
居址	稽東
通訊處	紹城廣寧橋同康紙棧轉交
介紹人	陳去病

0142. 袁圻

0142.袁圻（1887—？），原名葆良，字懷南，號劍侯，又號建侯，江蘇海門人。1911年4月22日由俞鍔介紹入社，入社書編號142。

南社社友錄

南社入社書 辛亥年三月廿五日

姓名	袁葆良 字懷南
年歲	二十五歲
籍貫	海鹽人
居址	住南通州海門高等小學
通訊處	新港鎮
介紹人	俞劍華

陳家英

陳家傑

0143. 陳家英
0144. 陳家傑

  0143. 陳家英（1895—1936），女，字定元，又字定原，別署紉湘，室名紉湘閣，湖南長沙府（今長沙市寧鄉縣）人。1911年4月25日由其兄陳家鼎介紹入社，入社書編號143。早年曾就讀於湖北江漢高等女學。後留學日本，並加入中國同盟會。辛亥革命後曾協助其二嫂唐家偉開辦天足會，並在中華女子美術學校任教。著有《紉湘閣集》。

  0144. 陳家傑（1897—1921），女，原名家雄，字治元，又字志元，湖南長沙府（今長沙市寧鄉縣）人。1911年4月25日由其兄陳家鼎介紹入社，入社書編號144。早年留學日本，並加入中國同盟會。

南社社友錄

南社入社書　辛亥年三月廿七日

姓名	年歲	籍貫	居址	通訊處	介紹人
陳家英	十六	湖南長沙府	湖北江漢高等女學校	由東京陳曾處轉	陳曾
陳家雄	十四				

南社社友錄

0145. 龐樹柏

0145. 龐樹柏（1884—1916），字豈庵，號檗子，別號龍禪，別署龍禪居士、綺盦、綺庵、劍門病俠，江蘇常熟人。1909 年 10 月 14 日由陳去病介紹入社，1911 年 4 月 29 日補填入社書，入社書編號 145。中國同盟會會員。1900 年與黃人組織三千劍氣文社。曾任《國粹學報》編輯。1911 年後任教上海聖約翰大學，兼任澄衷中學、愛國女校、競雄女校等校教職。曾與葉楚傖、王蘊章等組織春音詞社，有詩名。著有《龍禪室詩話》、《玉琤琮館詞》、《龐檗子遺集》、《抱香簃隨筆》、《褒香詞》、《墨淚龕筆記》、《碧血碑》、《花月痕傳奇》等。

南社入社書

辛亥四月 日

姓名	年歲	籍貫	居址	通訊處	介紹人
龐樹柏	二十六	江蘇常熟	澗墩	同上	陳去病

0146. 范 教

0146. 范教（1889—？），字甫英，號癡佛，浙江天台人。1911年4月29日由高旭介紹入社，入社書編號146。

南社入社書 宣統三年肆月 日

姓名	年歲	籍貫	居址	通訊處	介紹人
范教 字甫英 一字癡佛	二十三	浙江台州天台城內小北門街慕義巷口	同上	同上（係將來）嘉興府中學堂（係現在）	高鈍劍

0147. 唐耕餘

0147. 唐耕餘（1890—1977），名九，以字行，號懦夫，江蘇震澤（今蘇州市吳江區）人。1911年5月6日由費榮錦介紹入社，入社書編號147。著有《書譜贅言》。

南社社友錄

南社入社書 宣統三年四月 日

姓名	年歲	籍貫	居址	通訊處	介紹人
唐耕餘	廿一歲	江蘇省震澤縣	蘇州平望鎮	蘇州平望鎮	費織雲

0148. 周芷生

0148. 周芷生（1888—？），女，字沅蘅，號蘭客，江蘇山陽（今淮安市淮安區）人。1911年5月8日由其兄周實介紹入社，入社書編號148。

姓名	年歲	籍貫	居址	通訊處	介紹人
周芷生 字沅蘅 一字卍蘭 客	二十四	山陽	山陽車橋鎮	南京四牌樓王宅內政法江師範學堂交周寶丹轉	周寶

南社社友錄

陳蛻

0149. 黃 鈞
0150. 陳 蛻

  0149. 黃鈞（1889—1943），字夢蘧，號栩園，別署三誰，湖南醴陵人。1911年5月14日由傅熊湘介紹入社，入社書編號149。曾任職上海《鐵筆報》、湖南《長沙日報》、南洋巴達維亞《天聲日報》等報社。著有《一昔詞》、《南洋》等。

  0150. 陳蛻（1861—1913），原名範，又名彝範，字叔柔，號夢坡，晚年更名蛻，號蛻庵，一作退安，別署蛻翁、退翁、蛻僧、蛻存等，湖南衡山人，寄籍陽湖。1911年5月14日由傅熊湘介紹入社，入社書編號150。1898年接辦《蘇報》，聘汪文溥爲主編。1903年因公開發表《〈革命軍〉自序》、《駁康有爲〈論革命書〉》等文，導致《蘇報》案發生。民初任《太平洋報》編輯，後至北京任《民主報》主筆。著有《映雪軒初稿》、《蛻翁詩詞刊存》、《卷簾集》、《蛻僧餘稿》、《庚中集》等。

南社社友錄

南社入社書 辛亥年四月十六日

姓名	年歲	籍貫	居址	通訊處	介紹人
黃鈞字夢蓮	二十三	湖南醴陵	四川成都	長沙明德學堂傅文渠轉	傅尃
陳蛻字蛻庵	五十	湖南衡山 寄籍陽湖	長沙或醴陵	醴陵南華宮轉史采岩再轉	同上

0151. 鄭　澤

0151.鄭澤（1882—1920），字叔容，一字叔瀛，號蘿庵、蘿廠，湖南長沙人。1911年5月14日由傅熊湘介紹入社，入社書編號151。著有《蘿庵遺稿》、《鄭叔容詩文詞集》、《蘿廠詞》等。

南社社友錄

南社入社書 辛亥年四月 日

姓名	鄭澤 字叔容
年歲	年廿九歲
籍貫	長沙
居址	長沙明德學堂
通訊處	同上
介紹人	傅尃

0152. 沈　琨

0152. 沈琨（1888—？），字怡中，江蘇嘉定(今上海市嘉定區)人。1911年5月15日由朱少屏介紹入社，入社書編號152。

南社社友錄

南社入社書 辛亥年四月七日

姓名	沈珉 怡申
年歲	二十四
籍貫 居址 通訊處	
	加定外岡鎮
介紹人	朱少屏

南社社友錄

0153. 朱錫梁

　　0153. 朱錫梁（1873—1932），字梁任，號緯君，又作緯軍，別署君仇，江蘇吳縣（今蘇州市吳中區）人。1909年11月13日入社，1911年6月6日由柳亞子介紹補填入社書，入社書編號153。早年入日本東京弘文學院速成科學習。1903年11月與包天笑、蘇曼殊、范煙橋等在獅子山舉行招國魂活動。後加入中國同盟會。1911年武昌起義時參加蘇軍北伐先鋒營。1915—1921年先後任職上海《商務報》、蘇州《正大日報》等。1924年任南京東南大學教授。1927年任蘇州美術專科學校校董。著有《甲骨文釋》、《草書探源》、《詞律補體》等。

南社社友錄

南社入社書 辛亥年五月十一日

姓名	年歲	籍貫	居址	通訊處	介紹人
朱錫梁 梁任	生于共和紀元二千七百十有四年	吳縣	蘇州閶門外山塘手廟山灣醒獅學署路	南京夫子廟山	柳亞子

0154. 龔爾位

0154. 龔爾位（1886—？），字醉厂，亦作醉盦、醉庵，號芥彌，別號介眉，湖南湘鄉人。1911年6月6日由傅熊湘介紹入社，入社書編號154。

南社社友錄

南社入社書 辛亥年五月十日

姓名	年歲	籍貫	居址	通訊處	介紹人
龔爾位 字醉厂	二十六	湖南湘鄉	長沙	長沙藏鑪	傅尃 文科

0155. 徐朗西

0155. 徐朗西（1885—1961），字應唐，一字秦生，號峪雲，別署峪雲山人，陝西三原人。1911年6月9日由俞鍔介紹入社，入社書編號155。早年留學日本鐵道學校，加入中國同盟會，二次革命後在上海創辦《生活日報》，任主筆；與朱執信共辦《民意報》。1914年夏任中華革命黨黨務部第五局局長。1931年接辦上海新華藝術專科學校，任校長。抗日戰爭爆發後，與中共地下黨組織建立聯繫，掩護、營救革命人士。1949年出席第一屆中國人民政治協商會議。後歷任第二屆上海市政協委員，第一至第三屆上海市各界人民代表會議代表，第一、二屆上海市人民代表大會代表。著有《藝術與社會》等。

南社入社書

辛亥年五月十三日

姓名	年歲	籍貫	居址	通訊處	介紹人
徐朗西	二十七歲	陝西西安府三原縣	三原縣城北魯橋鎮 西地鹿原徐寓	日本東京小石川區久堅町二十七	俞劍華

南社社友錄

0156. 吳 幹

0156.吳幹（1884—？），字小枚，廣東嘉應州（今梅州市）人。1911年6月14日由高旭、朱少屏介紹入社，入社書編號156。其妹吳其英，亦爲南社社員。

南社社友錄

南社入社書　辛亥年五月 日

姓名	吳幹
年歲	二十八
籍貫	廣東嘉應州
居址	松口堡
通訊處	永遠通訊處松口和隆 現在 Ipoh Perak F.M.S. 育才學堂
介紹人	高釗少屏　劉藜

0157. 張　烈

0157.張烈（1883—1977），原名廉，字雲雷，浙江樂清人。1911年6月16日由何震生介紹入社，入社書編號157。1905年留學日本早稻田大學師範科，並在日本先後參加中國同盟會和光復會。1908年赴南洋群島爪哇泗水中華學校任教員，編輯發行《漢文日報》。1922年任總統府顧問。新中國成立後，曾被選爲樂清縣人民代表大會常務委員會副主任和浙江省政協委員，受聘爲浙江省文史研究館館員。著有《辛亥革命見聞瑣談》。

南社入社書 辛亥年五月二十日

姓名	年歲	籍貫	居址	通訊處	介紹人
張廉字雲雷	年二十九	浙江溫州樂清縣	浙江溫州樂清虹橋	溫州樂清虹橋	何震生

0158. 寧調元

　　0158. 寧調元（1883—1913），字仙霞，號太一，又號辟支，別署大一，化名林士逸，湖南醴陵人。1911年6月19日由高旭介紹入社，入社書編號158。早年與黃興、陳天華等組織大成會和華興會。1904年在醴陵續辦淥江中學堂。1905年留學日本東京弘文學院，由黃興介紹加入中國同盟會；與張繼、汪兆銘等同辦《民報》。1906年在上海參與創設中國公學，與禹之謨等發起湘學會，與陳家鼎、傅熊湘等創刊《洞庭波》雜誌。1910年主編《帝國日報》。1912年在上海發起成立民社，創刊《民聲日報》。1912年倡議在廣州成立南社廣東分社。著有《太一遺書》。

南社社友錄

南社入社書　辛亥年五月卅七日

姓名	甯調元 字仙霞 一百六一
年歲籍貫	
居址	湖南長沙府 醴陵縣
通訊處	醴陵 郭鄉 棗富
介紹人	北京宣武門大街五道廟帝國日報(同胡子靖) 高銍 劉

0159. 沈毓清

0159. 沈毓清（1885—1951），字詠裳，江蘇吳江（今蘇州市吳江區）人。1911年7月4日由沈昌直介紹入社，入社書編號159。

南社社友錄

南社入社書 辛亥年六月九日

姓名	年歲	籍貫	居址	通訊處	介紹人
沈毓清 一䛒裳	二十七	吳江	蘆墟鎮	將畫園	沈樾隆 沈頳若

0160. 邱　復

　　0160. 邱復（1874—1950），原名馥，字果園，又字瘦樵，號荷公，又號荷生，別署荷仙、念廬，福建上杭人。1911年7月7日由葉楚傖介紹入社，入社書編號160。1906年開辦上杭民立師範傳習所，創辦東溪立本兩等小學堂。1911年出任兩廣方言學堂教習。1912年創辦上杭縣立中學。1916年被選爲北京政府國會參議院候補議員。1925年出任廣東嘉應大學教授。1935年在廣東潮州創設汀龍小學。1941年創辦私立明強初級中學。著有《念廬詩文集》、《念廬文存》、《念廬詩稿》、《念廬詩話》、《念廬聯話》、《願豐樓雜記》等。

南社社友錄

南社入社書　辛亥年六月　日

姓名	年歲	籍貫	居址	通訊處	介紹人
邱荷公	三十八	福建上杭	本縣東鄉	峯市徑葉和館轉藍市東溪印五本學堂 儉楚 西廣方言學堂	

南社社友錄

0161. 顧無咎

  0161. 顧無咎（1893—1929），字退齋，一字崧臣，號悼秋，又號靈雲，別署老服、服媚、神州酒帝等，江蘇吳江（今蘇州市吳江區）人。1911年7月11日由表兄柳亞子介紹入社，入社書編號161。曾與梨村諸人發起組織酒社。著有《服媚室酒話》、《靈雲別館散記》。

南社社友錄

南社入社書 宣統辛亥年六月 日

姓名	年歲	籍貫	居址	通訊處	介紹人
顧无咎 字退齋 號松臣	十九	松陵	黎里鎮夏家橋本宅	全上	柳亞如

0162. 周鑄青

0162. 周鑄青（1887—？），女，江蘇南匯（今上海市浦東新區）人。1911年8月3日由朱少屏介紹入社，入社書編號162。

南社社友錄

南社入社書 辛亥年又〇〇

姓名	年歲	籍貫 居址 通訊處	介紹人
周鑄青	二十五	南匯 同上	南匯三牐鎮 朱少屏

0163. 周 均

0163.周均（1892—？），字靜涵，江蘇南匯（今上海市浦東新區）人。1911年8月3日由朱少屏介紹入社，入社書編號163。1906年畢業於上海南洋中學。1928年任上海中華職業教育社建築委員會委員。

南社入社書 辛亥年 X月X日

姓名	年歲	籍貫	居址	通訊處	介紹人
周靜涵	二十	江蘇南匯	南匯三灶鎮	上海南市萬裕碼頭萬豫醬園轉	朱少屏

南社社友錄

0164. 宋教仁

　　0164. 宋教仁（1882—1913），原名鍊，字遯初，亦作鈍初、頓初，別署遁初，號漁父、桃源漁父，湖南桃源人。1911年8月4日由朱少屏介紹入社，入社書編號164。1904年與黃興、劉揆一等在長沙創立華興會，在武昌組織革命團體科學補習所（後改稱日知會）。1905年入東京法政大學，繼入早稻田大學，習法政；與黃興、程家檉、田桐、白逾桓等創辦《二十世紀之支那》雜誌；中國同盟會成立，任同盟會司法部檢事長，後又被舉爲同盟會湖南分會副會長。1907年與白逾桓等赴東北組建同盟會遼東支部。1911年任《民立報》主筆，與居正等起草《鄂州臨時約法》。1912年1月南京臨時政府成立後任法制院總裁。1912年8月13日與景耀月、田桐、陳蛻庵、楊杏佛、仇亮等在北京設立南社北京事務所。著有《間島問題》、《民國憲法草案》、《宋教仁集》、《宋漁父日記》等。

南社社友錄

南社入社書 辛亥年又六月廿日

姓名	年歲	籍貫	居址	通訊處	介紹人
宋漁父	三十歲	湖南桃源縣	上海民立報館	仝上	朱少屏

0165. 劉 炎

0165. 劉炎（1886—1923），字繼彤，江蘇海門人。1911年7月29日由費公直介紹入社，8月5日補填入社書，入社書編號165。

南社社友錄

南社入社書 宣統三年閏六月十七日

姓名	年歲	籍貫 居址	通訊處	介紹人
劉炎	二十六歲	江蘇海門廳 海門廳史家鎮東北	日本長崎醫學專門學校入會 辛亥閏六月初四日付銓	費公直

0166. 楊 璠

0166. 楊璠（1875—？），字聘之，江蘇寶山（今上海市寶山區）人。1910年4月由陳去病介紹入社，1911年8月6日補填入社書，入社書編號166。

南社社友錄

南社入社書　辛亥年四月十二日

姓名	年歲	籍貫	居址	通訊處	介紹人
楊璿 字聘之	三十七	江蘇太倉州寶山縣	城西南五十里真如鎮儞頭鎮	浙江衢州府龍游縣高等小學堂 暑假年假時等上海新聞馬路恒記米號	陳去病

今歲七月前

0167. 邱望崙

0167. 邱望崙（1879—?），字檻玉，浙江龍游人。1910年4月由陳去病介紹入社，1911年8月6日補填入社書，入社書編號167。

南社社友錄

南社入社書 辛亥年閏六月十二日

姓名	鄺望崙 字檻玉
年歲	三十三
籍貫	浙江衢州龍游縣
居址	龍游縣城南溪口鎮
通訊處	浙江衢州龍游縣高等小學暑假由城南溪口鄺公樓收
介紹人	陳去病

0168. 朱儁良

0168. 朱儁良（1893—？），江蘇金山（今上海市金山區）人。1911年8月8日由沈礪介紹入社，入社書編號168。

南社社友錄

南社入社書 三年閏月 日

姓名	朱良偊
年歲	十九歲
籍貫	金山縣
居址	朱涇鎮
通訊處	朱涇鎮東安橋
介紹人	沈道非 東松江府中學堂

0169. 沈鈞業

　　0169. 沈鈞業（1884—1951），字越民，一字馥生，又字馥蓀，號復生，又號復庵、馥庵，浙江山陰（今紹興）人。1911年8月27日由陳陶遺介紹入社，入社書編號169。1905年加入光復會，留學日本早稻田大學，並加入中國同盟會。1910年任光復會南洋執行總部執行委員，主持泗水《漢文新報》筆政。辛亥革命浙江光復後，任浙江軍政府教育司司長。編撰有《紹興縣誌資料》、《祁忠敏公日記》、《嘉泰會稽誌》、《山陰縣誌》、《紹興縣氏族考》等。

南社社友錄

南社入社書 辛亥年七月四日

姓名	年歲	籍貫	居址	通訊處	介紹人
沈越民	二十八	浙江紹興山陰	全上	荷屬八咑望別中華學堂此 Tiong Hwa Hak Tong Bangil, Java	陳贊齋

0170. 俞慶恩

0170. 俞慶恩（1884—1930），號鳳賓，江蘇太倉人。1911年9月4日由朱少屏介紹入社，入社書編號170。1908年在上海聖約翰書院醫科畢業。1912年赴美國賓夕法尼亞大學醫學院進修內科學、熱帶病學及公共衛生學。1915年畢業回國後，與顏福慶等發起成立中華醫學會，兼《中華醫學》雜誌主編，並與同行一起組織醫學名詞審查會，統一醫學譯名。曾任中央大學醫學院、聖約翰大學醫科教授。著有《衛生叢話》、《個人衛生篇》，譯有《肺癆康復法》、《嬰兒保育法》、《學校衛生講義》等。

姓名	俞慶恩 號賓鳳
年歲	年十二歲
籍貫	江蘇太倉州人
居址	上海西門外陸家浜花園內
通訊處	仝上
介紹人	朱少屏

0171. 章　梓

0171. 章梓（1880—？），又名質，字木良，一字莫良，號太素，江蘇上元（今南京市）人。1910年4月由朱少屏介紹入社，1911年9月15日補填入社書，入社書編號171。早年赴日本陸軍學校留學，並加入中國同盟會。1911年任中國國民總會會計，同年7月被推爲中部同盟會江蘇分部會長。上海光復後，被任命爲師長。1913年二次革命時曾代理江蘇都督。1915年10月與吳稚暉等在上海創辦《中華新報》。1916年曾爲《丙辰》雜誌撰寫祝辭。撰有《憲法問題與內閣問題》、《教育改良爲政治改良之前提》等。

南社社友錄

南社入社書　辛亥年七月　日

姓名	年歲	籍貫	居址	通訊處	介紹人
章良鼎	二十三	江蘇江寧上元縣人	南京城內	日本東京小石川區大塚町四十六 朱少屏方居	

南社社友錄

0172. 呂志伊

　　0172. 呂志伊（1881—1940），原名占東，字天民，一字旭初，雲南思茅人。1911 年 9 月 15 日由朱少屏介紹入社，入社書編號 172。1904 年赴日本早稻田大學留學。1905 年加入中國同盟會，任同盟會評議部評議員、同盟會雲南支部支部長。1906 年 4 月與李根源等創辦《雲南》雜誌和《滇話報》。1908 年與居正同任《光華日報》、《進化日報》主筆。1910 年任上海《民主報》主筆。1911 年參加廣州起義，7 月與宋教仁、陳其美等組織中國同盟會中部總會。雲南光復時任雲南都督府參議。1912 年南京臨時政府成立後，任司法部次長，並被推爲臨時參議院議員。1914 年 7 月參與組建中華革命黨。1921 年後歷任內政部次長、內政部總長、大元帥府大理院院長、雲南省政府委員兼建設廳廳長等職。1923 年 1 月被孫中山委任爲國民黨本部參議。著有《擬護國軍討國賊袁世凱檄》、《遜敏齋詩集》、《同盟會瑣錄》等。

南社入社書 辛亥年七月十二日

姓名	呂志伊
年歲	三十一
籍貫	雲南
居址	民立報
通訊處	民立報
介紹人	朱少屏

0173. 姜 仁

0173.姜仁（1874—？），字公勇，號伯承，江蘇金山（今上海市金山區）人。1911年9月16日由高旭介紹入社，入社書編號173。

南社社友錄

南社入社書　辛亥年七月　日

姓名	年歲	籍貫 居址	通訊處	介紹人
姜鷺	三十八	江蘇松江金山	松江張堰	張堰姚伯蓀 高天梅

0174. 程 慈

0174. 程慈（1887—？），字心慈，安徽歙縣人。1911年9月17日由黃賓虹介紹入社，入社書編號174。

南社社友錄

南社入社書

辛亥年七月廿五日

姓名	程慈
年歲	二十五
籍貫	安徽歙
居址	和
通訊處	上海西美
介紹人	預備學堂 黃朴人

南社社友錄

0175. 楊錫章

0175. 楊錫章（1864—1929），字幾園、至文，號了公，別署蓼功、子文、乳燕等，江蘇松江（今上海市松江區）人。1911年9月17日由周亮才介紹入社，入社書編號175。中國同盟會會員。在松江創辦開明女校，同時在城西創辦孤貧兒院，任院長。松江光復後任松江軍政分府參謀部長。1927年曾任奉賢縣縣長。著有《梅花百詠》。

南社社友錄

南社入社書　辛亥年七月廿八日

姓名	楊公了
年歲	四十
籍貫	松江
居址	蘇州任苦業正
通訊處	今上
介紹人	周亮才

0176. 傅夢豪

0176. 傅夢豪（1885—？），字俠生，浙江義烏人。1911年9月26日由朱少屏、蔣洗凡介紹入社，入社書編號176。早年留學日本，在東京加入中國同盟會。

南社社友錄

南社入社書 辛亥年八月 廿 日

姓名	傅夢豪
年歲	廿七歲
籍貫	浙江義烏
居址	本邑南二區佛堂
通訊處	郵局直達
介紹人	蔣少洗 朱屏元

南社社友錄

0177. 范光啟

0177. 范光啟（1882—1914），原名純黃，字鴻仙，一字鴻軒，號孤鴻，別署解人，安徽合肥人。1910 年 8 月由朱少屏介紹入社，1911 年 9 月 28 日補填入社書，入社書編號 177。早年加入中國同盟會。1908 年與李鐸等在上海創辦《安徽白話報》，並爲《神州日報》撰稿。1909 年至 1913 年與戴季陶、王無生、景耀月、于右任等創辦《民呼日報》、《民籲日報》、《民立報》。1911 年任上海中國同盟會中部總會評議員、候補文事部長，並赴安徽設立中部總會的分機關——中部同盟會安徽分部。1912 年任南京臨時政府臨時參議院議員。

南社社友錄

南社入社書 辛亥年八月七日

姓名	范光啟 鴻僊
年歲	三八
籍貫	合肥
居址	上海
通訊處	民立報
介紹人	朱少屏

0178. 戴克諧

0178.戴克諧（1892—？），字藹廬，一作靄廬，浙江錢塘（今杭州）人。1911年9月28日由朱少屏、柳亞子、胡寄塵介紹入社，入社書編號178。1911年畢業於上海南洋中學。曾任上海《鐵筆報》編輯。後留學東京慶應大學理財科。曾先後任上海中華書局、北京《銀行月刊》編輯，北京中國大學、朝陽大學、上海光華大學商學院、中國公學、中央大學商學院、法政學院、暨南大學等校教授。著有《最近貨幣金融學說》、《最近貨幣經濟學說》、《財政學》等。

姓名	戴克諧譪廬
年歲	二十
籍貫居址	浙江錢塘
通訊處	杭州下城麒麟街
介紹人	錢筆報館 朱少屏 胡屏廬 朱柳 李□

南社入社書 辛亥年八月七日

0179. 許蘇民

0179. 許蘇民（1867—1924），原名朝貴，字稚梅，號鯫厂，江蘇嘉定（今上海市嘉定區）人。1911年9月28日由朱少屏、朱子湘、柳亞子介紹入社，入社書編號179。中國同盟會會員。1903年創立南翔學會。1906年創辦南翔四市小學。1909年創辦江蘇南翔義務小學。1911年8月當選爲嘉定縣自治會議員、候補參事員。1912年主辦《南翔公言報》。1913年當選爲江蘇省議員。編有《許選國文》甲、乙、丙三冊及《蒙求必讀》和《禮記節要》等教材。

南社社友錄

南社入社書 辛亥年八月初七日

姓名	年歲	籍貫	居址	通訊‧介紹人
許稚梅	四十五	江蘇嘉定	南翔西街 上海四門外日暉橋南洋中學	朱少屏 朱卜湘 柳安如

0180. 李葭榮

0180. 李葭榮（1878—？），字懷湘，號懷霜，廣東信宜人。1911年9月29日由朱少屏、朱子湘、柳亞子介紹入社，入社書編號180。1907年與徐珂在上海創刊《振群叢報》。1911年任上海《天鐸報》總編輯、上海中國國民總會書記。1923年參加上海停雲書畫社。著有《炙蛾燈》、《裝愁庵筆記》、《我佛山人傳》等。

南社社友錄

南社入社書 辛亥年八月 日

姓名	李叚榮懷湘
年歲	三十四
籍貫居址	廣東信宜縣
通訊處	欽馬岐錫順里八弄 天津鑼鈸館
介紹人	朱柳朱葆葆臺康芬瓊

0181. 陳紹枚

0181.陳紹枚（1874—？），字鐵生，別署精武老鐵，廣東新會（今江門市新會區）人。1911年9月29日由柳亞子、陳布雷、李葭榮介紹入社，入社書編號181。中國同盟會會員。民初任職於上海《天鐸報》館。著有《達摩劍》。

南社社友錄

南社入社書 辛亥年八月秋日

姓名	陳紹枚鐵生
年歲	三十八
籍貫	廣東新會縣
居址通訊處	北四川路厚德台四號門牌 天鐸報館
介紹人	柳陳李棄疾訓榮葰恩

0182. 顧 駿

0182. 顧駿（1866—？），字伯超，江蘇金山(今上海市金山區)人。1911年10月3日由沈礪介紹入社，入社書編號182。

南社社友錄

南社入社書 辛亥年八月廿一日

姓名	年歲	籍貫	居址	通訊處	介紹人
顧駿 留髠	卅六歲	金山縣	珠泾鎮	中市	沈勉後
				仝上	

常湞書元附上

0183. 湯鴻基

0183. 湯鴻基（1893—？），字劍胡，江蘇如皋人。1911年10月5日由陽兆鯤介紹入社，入社書編號183。

南社社友錄

南社入社書 辛亥年八月 日

姓名	年歲	籍貫	居址	通訊處	介紹人
湯劍胡 名鴻基	十九歲	江蘇	如皋	如皋石莊鎮高仁和轉	陽惕生

0184. 姜 五

0184.姜五（1883—？），字常在，號電心，江蘇華亭（今上海市松江區）人。1911年10月5日由高旭介紹入社，入社書編號184。

南社社友錄

南社入社書 辛亥年八月十五日

姓名	年歲	籍貫 居址	通訊處	介紹人
姜玊 字常左	廿九歲	江蘇松江華亭縣城內裏倉沈宅	同居地	高銕劍

0185. 洪炳文

0185. 洪炳文（1852—1918），字博卿，號棟園，別署祈黃樓主、綺情生、寄憤生等，浙江瑞安人。1911年10月6日由許演素介紹入社，入社書編號185。著有傳奇《白桃花》、《懇曇猿》、《警黃鐘》、《秋海棠》等和雜劇《吉慶花》。

南社社友錄

南社入社書 辛亥年八月 日

姓名	年歲	籍貫	居址通訊處	介紹人
洪樑園	六十歲	靜隨瑞發人	住南門柏樹巷 全上	許漢素同邑

0186. 王文熙

0186. 王文熙（1887—？），一名雯希，字省明，浙江嘉善人。1910年4月由柳亞子介紹入社，1911年10月6日補填入社書，入社書編號186。

南社入社書 辛亥年桂月十七日

姓名	年歲	籍貫	居址	通訊處	介紹人
王文熙 字省明	二十五	浙江加善	楓涇鎮 春德堂 栖內	杭州西湖畔蠶學堂 楓涇春德堂寄	柳安如 君

0187. 黃亞康

0187. 黃亞康（1888—？），江蘇海門人。1911年10月6日由袁圻介紹入社，入社書編號187。

南社社友錄

南社入社書 辛亥年八月 日

姓名	年歲	籍貫 居址	通訊處	介紹人
黄丕康	二十四	海門廳川港鎮	南通州克逵俟	東鄉川港鎮鼎隆號轉交

0188. 沈大椿

0188. 沈大椿（1872—1946），字子如，號志儒，江蘇吳江（今蘇州市吳江區）人。1911年10月6日由錢祖憲介紹入社，入社書編號188。

南社社友錄

南社入社書　辛亥年八月　日

姓名	年歲	籍貫 居址	通訊處	介紹人
沈大椿 字子如	卅歲	吳江縣同里鎮人	新填地由錢姓轉寄	錢姝廈

0189. 阮尚介

0189.阮尚介（1891—1960），字介凡，一字介蕃，江蘇奉賢（今上海市奉賢區）人。1911年10月6日由柳亞子介紹入社，入社書編號189。早年就讀於上海澄衷學堂、北京高等實業學堂，後留學日本。1914年畢業於柏林工業大學造船系。1915年任北京政府陸軍部顧問、國立北京大學教授。1917年任同濟德文醫工學校、同濟大學校長；創辦《自覺週報》、《同濟雜誌》、《同濟醫學》等刊物。1931年任上海兵工廠廠長。1938年至1944年，任北平大學工學院院長、教授。

南社社友錄

南社入社書

姓名	阮尚介
年歲	二十一歲
籍貫	江蘇松江奉賢縣
居址	德京伯靈
通訊處	S.D. Yuan, Bismarckstr. 18 Charlottenburg-Berlin
介紹人	柳安如君

辛亥年八月　日

南社社友錄

0190. 胡　蘊

0190.胡蘊（1868—1939），字介生，號石予，別署石翁、萱百、瘦鶴等，江蘇崑山人。1911年10月6日由高旭、余天遂、柳亞子介紹入社，入社書編號190。1907年在蘇州草橋中學任國文教員兼舍監職務。武昌起義後作《秋風詩》66首，發表於《江蘇大漢報》上。後參加國學商兌會。曾在私立振華女學、江蘇省立蘇州第一師範學校任教。著有《半蘭舊廬詩集》、《半蘭舊廬文集》、《炙硯詩話》、《梅花二百絕》、《胡氏家訓》、《四史要略》等。

南社社友錄

南社入社書 辛亥年八月 日

姓名	年歲	籍貫	居址	通訊處	介紹人
胡蘊 字介生 又字石予	四十四	崑山	蓬閬鎮 六稱蓬萊鎮	蘇州公立中學堂 郵局直接	高天梅 余麐閣 柳亞盧

0191. 陳 鈍

0191. 陳鈍（1886—？），字魯德，甘肅秦州（今天水）人。1910年4月由陳去病介紹入社，1911年10月9日補填入社書，入社書編號191。

南社社友錄

南社入社書 辛亥年八月十六日

姓名	年歲	籍貫	居址通訊處	介紹人
陳鈍 魯德	二十六	甘肅秦州北關	杭州太平坊巷 寧波湖西馬眼漕運軍步隊一營三標二營後隊	陳佩忍

0192. 楊譜笙

　　0192. 楊譜笙（1879—1949），名兆釜，亦名普生，字無悶，浙江湖州人。1911年10月10日由朱少屏、宋教仁、陳其美介紹入社，入社書編號192。1906年在上海創辦湖州旅滬公學，並加入中國同盟會。1911年任上海中國同盟會中部總會會計部長。1931—1932年8月任南京國民政府監察院秘書長，1933年2月任監察院監察委員。後任國民黨黨史史料編纂委員會委員等職。輯有《中國同盟會中部總會史料》。

南社社友錄

南社入社書 辛亥年八月九日

姓名	楊譜笙
年歲	三十三
籍貫	浙江湖州
居址	上海北浙江路□□號
通訊處	上海湖州旅滬公所
介紹人	朱少屏 宋漁父 陳英士

南社社友錄

0193. 唐群英

　　0193. 唐群英（1871—1937），女，原名恭懿，字希陶，湖南衡山人。1911年10月10日由傅熊湘、黃夢遽、陽兆鯤介紹入社，入社書編號193。1904年赴日本東京青山實踐女校留學。1905年加入華興會和中國同盟會。1906年進成女高等學校師範科學習，並任留日女學會書記、會長。1911年創刊《留日女學會雜誌》。民初在上海成立女子參政會。1912年任民國女子參政同盟會會長，創辦《亞東叢報》、《女子白話旬報》。1913年在長沙成立女子參政同盟會湖南支部，創辦《女權日報》，開辦女子美術學校、女子手工實業學校和自強職業學校。1924年發起恢復湖南女界聯合會，創辦復陶女子中學。1925年創辦衡山女校。1927年創辦嶽北女子職業學校。1935年到南京，被聘為國民政府顧問和黨史編纂委員會委員。

南社社友錄

南社入社書 辛亥八月十南[印]

姓名	年歲	籍貫	居址通訊處	介紹人
唐犧支 蘇菲 素陶	四十	衡山	日本東京 赭未堂	傅鈍根 黃鎨蓀 陽愓生

0194. 張漢英

　　0194. 張漢英（1872—1915），女，字蕙芬，一字慧芬，號惠風，湖南醴陵人。1911年10月10日由傅熊湘、黃夢蘧、陽兆鯤介紹入社，入社書編號194。早年肄業於長沙女子學堂。1904年留學日本青山實踐女校師範班。1905年加入中國同盟會，參加中國留日女學生會。武昌起義時與唐群英等在上海組織女子後援會，並組織成立女子北伐隊。辛亥革命後，與唐群英等聯袂在長沙創立中國女子參政同盟會和女子參政同盟會湖南支部，創辦《女權日報》。1913年與陳德輝等發起萬國女子參政會中國部會，創刊《萬國女子參政會旬報》。1914年回家鄉創辦醴陵第一所女子學堂。

南社社友錄

南社入社書 辛亥年八月九日

姓名	年歲	籍貫	居址通訊處	介紹人
張漢英 字惠風 芝	卅	長沙	日本東京皆未定	傅鈍根 黃摩蕩 陽楊章

0195. 譚作民

0195. 譚作民（1887—1974），別名銘，字介圃，一字介夫，又字戒甫，號天嶷，湖南湘鄉人。1911年10月11日由傅熊湘、黃夢蘧、陽兆鯤介紹入社，入社書編號195。早年肄業於湖南遊學預備科。中國同盟會會員。1914年後任湖南省立第一中學英語教員。1928年起任職武漢大學、西北大學、貴州大學、之江大學、湖南大學等。1951年加入中國國民黨革命委員會。著有《易經易解》、《墨辨發微》、《屈賦新編》、《公孫龍子形名發微》、《墨經分類譯注》、《孤天俠影》等。

南社社友錄

南社入社書 辛亥年八月廿日

姓名	年歲	籍貫	居址通訊處	介紹人
譚作民 字介圃 又字天噫	二十四歲	湖南湘鄉	上海徐家匯高等實業學堂上院電機科	傅鈍根 黃摩蒼 陽惕生

南社社友錄

0196. 陳　柱

0196. 陳柱（1890—1944），原名郁瑑，字柱尊，廣西北流人。1911 年 10 月 12 日由譚介圃、傅熊湘、黃夢蘧介紹入社，入社書編號 196。早年留學日本，畢業於成城學校。回國後加入中華學藝社，主持編輯《學藝》、《國學》、《學術世界》等雜誌。著有《中國散文史》、《四十年來吾國之文學略談》、《白石道人詩箋評》、《諸子概論》、《公羊學哲學》及《研究國學之門徑》等。

南社社友錄

南社入社書 辛亥年八月廿日

姓名	年歲	籍貫	居址	通訊處	介紹人
陳郁瑞 字柱尊	二十一歲	廣西鬱林州北流縣	北流縣	徐家滙郵傳部高等實業學堂	譚作民 傅文渠 黃夢廬

0197. 張一鳴

0197. 張一鳴（1883—1937），原名長，字心蕪，一作心撫，號洗桐，別署東南游俠，浙江桐鄉人。1911年10月12日由周亮才、楊錫章、陶賡照介紹入社，入社書編號197。著有《寶鳳閣隨筆》。

南社社友錄

南社入社書 辛亥年八月二十日

姓名	年歲	籍貫居址	通訊處	介紹人
張長 號冥飛 別署祝陵 桐子署 東南邨俠	三九歲	浙江嘉興桐鄉籍	桐鄉埭頭鎮自治局郵蛻菴多所園民高武余陀桐家務張保長弟	周亮才 楊了公 南邨姊

0198. 羅晉士

0198. 羅晉士（1889—1927），原名象陶，字黑芷，一字晉思，號黑子，江西武寧人。1911年10月17日由費公直、張傳琨、章木良介紹入社，入社書編號198。早年留學日本慶應大學，並加入中國同盟會。1923年參加文學研究會。曾任湖南省圖書編譯局編譯、長沙嶽雲中學和楚怡工業學校教員。著有小說集《醉裏》、《春日》，散文集《牽牛花》等。

南社社友錄

南社入社書 辛亥年八月廿六日

姓名	羅晉士
年歲	二十三
籍貫	江西
居址	中國人民 會館
通訊處	日本東京牛込區弁天町四二亦谷
介紹人	賈玄直 張卓身 章永良

0199. 羅天覺

0199. 羅天覺（1873—？），字醒無，號醒吾，別號真吾，湖南湘潭人。1911年10月24日由陽兆鯤介紹入社，入社書編號199。

南社入社書

姓名	羅天覺 號醒魯
年歲	三十九歲
籍貫	湖南湘潭
居址	棠花郵
通訊處	湘潭勸學所
介紹人	陽煬生

己亥年九月三日

南社社友錄

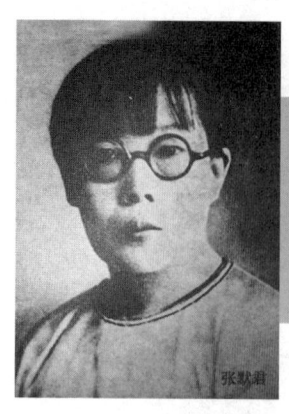

0200. 張昭漢

0200. 張昭漢（1883—1964），女，字默君，一字漱芳，號涵秋，西名莎菲亞（Sophie），別署墨君、穆素，湖南湘鄉人。1911年12月20日由陳去病、傅熊湘、柳亞子介紹入社，入社書編號200。早年畢業於上海務本女校師範科。1906年任江蘇啟明女校教員，由黃興、龔鐵錚介紹加入中國同盟會。1911年就讀於上海聖約翰女子書院文科，與陳去病、傅熊湘等創辦《江蘇大漢報》，任社長兼總主筆。1912年任職於國民黨上海總部通訊部，倡建女子北伐隊，組織神州女界共和協濟社，創刊《神州女報》，創辦神州女校；後任江蘇省立第一女子師範校長。1918年赴美國哥倫比亞大學攻讀教育學。1921年環遊英、法、意、瑞士諸國，回國後復任神州女校校長；主持《神州日報》，並任上海《婦女週刊》主編。1927年後歷任國民黨中央政治會議上海分會教育委員、杭州市教育局長、國民政府考試院考選委員會專員、立法院立法委員、國民黨南京市黨部監察委員會委員等職。1935年當選為國民黨中央監察委員會委員、常務委員。抗戰時期曾參加英江吟社。1947年任考試院考試委員。著有《戰後之歐美女子教育》、《默君詩草》、《百華草堂詩集》、《玉尺樓詩集》、《正氣呼天集》、《揚靈集》、《紅樹白雲山館詞》、《大凝堂集》、《盜面》、《裴洒傑奇案之一》等。

南社社友錄

南社入社書 辛亥年十一月一日

姓名	張默君 字涵秋
年歲	廿三
籍貫	湖南湘鄉
居址	蘇州飲馬橋南三十六號
通訊處	同上
介紹人	陳佩忍 傅鈍根 柳亞盧

0201. 杜羲

0201. 杜羲（1887—1936），字宥前，一字幼泉，號仲處，天津靜海人。1911年12月20日由俞鍔、陳家鼎、景耀月介紹入社，入社書編號201。早年留學日本東京振武學校和早稻田大學，並加入中國同盟會。回國後任山西大學、陝西高等學堂教習。1912年與景定成共同主持《山西日報》。1927年後任國民政府參事、監察院監察委員。

南社社友錄

南社入社書 辛亥年十一月一日

姓名	年歲	籍貫	居址通訊處	介紹人
杜羲 號宥前 一号仲盫	廿十五	直隸天津 靜海	仝上	俞劍華 陳漢援 景秋陸

0202. 王程之

0202. 王程之（1884—？），字幼度，浙江慈谿人。1911年12月20日由陳布雷、鄒銓、俞鍔、沈嘉康、陳陶遺、朱叔源介紹入社，入社書編號202。

南社社友錄

南社入社書 辛亥年十一月四日

姓名	年歲	籍貫	居址	通訊處	介紹人
王程之 號幼度	廿八歲	浙江寧波慈谿	仝上	杭州羊墅街浙江病院	陳布雷 鄒亞雲 俞劍華 沈希俠 陳陶怡 朱叔源

0203. 邱翊華

0203. 邱翊華（1877—1970），原名日華，字應昇、海山，號潛廬、階叔，福建上杭人。1911年12月23日由邱荷公、葉楚傖、柳亞子介紹入社，入社書編號203。1953年受聘爲福建省文史研究館館員。著有《潛廬文存·詩存》、《潛廬老人回憶錄》等。

南社社友錄

南社入社書 辛亥年十一月四日

姓名	邱翱華 字潛廬
年歲	三十五
籍貫	福建上杭
居址	中卻李森
通訊處	沙头峯市 天囲 和祥竹文
介紹人	荷公 楚傖 丑盫

0204. 蔡 寅

0204. 蔡寅（1874—1934），字清任，號冶民，別署清純、青純、懷廬、壯懷、平江遺民，江蘇吳江（今蘇州市吳江區）人。由陳去病、高旭、柳亞子介紹入社，1911年12月28日補填入社書，入社書編號204。1898年與金松岑、陳去病等在同里組織雪恥學會。1903年加入愛國學社。曾留學日本，入早稻田大學法政科學習；後加入中國同盟會。1911年上海光復後，被陳其美委任爲滬軍都督府軍法司司長。1912年1月任南京民國臨時政府大總統府秘書，後轉任江蘇都督府秘書。1917年赴北京從事法律彙編工作。1923年任廣東高等檢察廳檢察長。有遺稿《懷廬詩鈔》一册。

南社社友錄

填南社入社書 辛亥年十月九日

姓名	蔡寅 冶民
年歲	三十八歲
籍貫	吳江
居址	黎里鎮
通訊處	現在滬軍都督府軍法科
介紹人	陳去病 高天梅 柳亞廬

0205. 尤 翔

0205.尤翔（1888—？），原名志庠，字玄甫，號墨君，江蘇吳縣（今蘇州市吳中區）人。1911年12月31日由宋銘穀、汪振鏞、陶廣照介紹入社，入社書編號205。著有《碧玉串》、《新蘇州導遊》等。

南社社友錄

南社入社書　辛亥年十一月十二日

姓名	年歲	籍貫	居址 處	通訊	介紹人
尤志庠 號墨君	廿四	吳縣	蘇城謝衙前路㭭葉所廿四號	上海蘇宋詒于轉交	宋詒于 汪桐生 陶神州

0206. 陳嘉猷

0206. 陳嘉猷（1886—？），號運千，江蘇吳縣（今蘇州市吳中區）人。1911年12月31日由宋銘穀、汪振鏞、陶賡照介紹入社，入社書編號206。

南社社友錄

南社入社書　辛亥年十一月十二日

姓名	年歲	籍貫	居址 通訊處	介紹人
陳嘉獻 號運千	二十六	吳縣	蘇城學士街路雙二百廿一号 上海蘇州路業所宋詒亭轉交	宋詒亭 汪桐生 陶神州

0207. 曾 鏞

0207. 曾鏞（1893—1929），字孟鳴，廣西馬平（今柳州）人。1912年1月10日由費公直、雷鐵厓、朱少屏、陳陶遺介紹入社，入社書編號207。

南社社友錄

南社入社書 元年元月十日

姓名	曾孟鳴
年歲	二十
籍貫	廣西馬平
居址通訊處	上海南昌別業寓在麥家圈春會文試館江旅館
介紹人	黃雲直 雷鐵厓 朱少屏 陳道恰

南社社友錄

0208. 鄧家彥

　　0208. 鄧家彥（1887—1966），字孟碩，廣西桂林人。1912 年 1 月 13 日由柳亞子、雷鐵厓、馬君武介紹入社，入社書編號 208。1902 年留學日本法政專門學校。1905 年參加組建中國同盟會，被舉爲同盟會司法部部長，又任廣西同盟會會長及同盟會成都分會主盟人。1908 年赴美國伊利諾伊州立大學就讀。1912 年任南京民國臨時政府大總統府外交秘書、臨時參議院議員，創辦《中華民報》。1913 年入紐約哥倫比亞大學研習政治經濟。1921 年任國民黨廣州辦事處宣傳部部長。1926 年參與創辦《獨立週刊》。著有《一枝廬詩鈔》、《民族語源》、《學鍥錄》等。

南社社友錄

南社入社書 元年九月十三

姓名	年歲	籍貫	居址	通訊處	介紹人
鄧家彥 號孟碩	二十五歲	廣西	南京迎德府	同上	柳亞廬 雷鐵崖 馬君武

0209. 顧 澄

0209. 顧澄（1883—？），原名浩然，字養吾，號澄亞，江蘇無錫人。1912年1月28日由柳亞子、王蘊章、朱少屏介紹入社，入社書編號209。1911年6月在北京清華學堂任教，與胡敦復、顧珊臣等組織成立立達學社。1912年與胡敦復、顧珊臣等在上海創辦大同學院。後曾任交通大學教授，並與胡敦復、熊慶來等人倡議籌建中國數學會。

南社社友錄

南社入社書 元年正月 日

姓名	欬瀓 吳良晉
年歲	三十
籍貫	無錫
居址	崇安寺巷
通訊處	虛籟印刷所
介紹人	柳亞廬 王莜農 朱少屏

0210. 楊嗣軒

0210. 楊嗣軒（1885—1916），字伯謙，浙江湖州人。1912年2月6日由高旭介紹入社，入社書編號210。早年入健行公學。1909年赴北京學習法律。1912年任職南京民國臨時政府實業部商政司。

南社入社書 新紀元二年貳月六日

姓名	年歲	籍貫	居址 通訊處	介紹人
楊伯謙	念七歲	浙江湖州	湖州埭溪埭溪鎮瑞餘堂	高天梅先生

南社社友錄

0211. 李　凡

　　0211. 李凡（1881—1942），幼名文濤，一名廣侯，字叔同；後改名哀，字哀公；又名息，號息霜；出家後法名演音，號弘一，晚號晚晴老人，直隸天津（今天津市）人。1912年2月11日由朱少屏介紹入社，入社書編號211。1898年加入城南文社。1900年與黃宗仰、高邕之等組織上海書畫公會。1901年考入南洋公學特班。1906年入東京美術學校洋畫科習西洋繪畫，並入音樂學校兼習音樂和戲劇；同年與曾孝穀、歐陽予倩等人創立春柳社。1912年任《太平洋報》廣告部主任，主編該報文藝副刊《太平洋文藝》和《太平洋畫集》；與葉楚傖、柳亞子、朱少屏、曾孝穀等發起創立文美會，主編《文美雜誌》。先後任教於上海城東女學、杭州浙江省立第一師範學校及南京高等師範學校。與費龍丁等組織樂石社。1917年在杭州虎跑定慧寺皈依佛門。著有《李廬印譜》、《李廬詩鐘》、《弘一大師文鈔》、《護生畫集》、《清涼歌集》、《李息翁臨古法書》、《四分律比丘戒相表論》、《華嚴集聯三百》、《南山律宗傳承史》、《嘯虹軒印譜》、《李叔同印存》、《西洋畫法》等。

南社社友錄

南社入社書 九年二月十一日

姓名	李襄公 字叔同
年歲	三十一
籍貫	現本籍籍 直浙 熱江
居址 通訊處	天津河東山西會館 朱少屏君轉交
介紹人	朱少屏

0212. 杜　詩

0212. 杜詩（1880—1912），字尚陵，號鵑魂，江蘇嘉定（今上海市嘉定區）人。1912年2月12日由費公直、柳亞子、朱少屏介紹入社，入社書編號212。

南社社友錄

南社入社書 元年二月十二日

姓名	年歲	籍貫	居址通訊處	介紹人
杜詩常陵 一名鵑魂	三十三	江蘇嘉定	嘉定縣南翔鎮 現在上海縣政府	費公直 柳亞廬 朱篠康

0213. 王少文

0213. 王少文（1883—？），福建龍溪（今龍海）人。1912年2月14日由何震生、鄒銓、柳亞子介紹入社，入社書編號213。

南社社友錄

南社入社書 元年二月十

姓名	年歲	籍貫	居址通訊處	介紹人
王次文	三十	福建	漳州東鄉外大山岸頂 新加坡稽桁鉎頭錦和柏限公司三盞東亭轉 上海□門井第一號	何震生 鄒亞雲 柳亞盧

0214. 陶鑄

0214. 陶鑄（1886—1962），原名延林，字雅翼，號成之，後改名鑄，字冶公，號望潮，別號潔霜，浙江會稽（今紹興）人。1912年2月15日由章木良、費公直、朱少屏介紹入社，入社書編號214。中國同盟會會員。早年進東湖通藝學堂、浙江高等學堂學習。1906年留學日本東洋學院、法政大學速成班、明治大學附中"經緯學堂"。1907年3月與章炳麟、張繼、蘇曼殊等發起成立"亞洲和親會"。1909年考取日本國立長崎醫學專門學校藥科，又去京都帝國大學進修。1910年加入光復會。1911年任滬軍先鋒隊第五隊指揮官。1912年與汪兆銘、邵元沖、呂志伊等在上海創刊《民國新聞》。1932年在瀋陽參加國難會議。新中國成立後，任浙江省文史研究館館員。

南社社友錄

南社入社書 元年二月十五日

姓名	年歲	籍貫	居址通訊處	介紹人
閩鑄 鮹望 潮	廿六歲	浙江紹興國民 府會稽 人孫偲會	伊犁路 仝上	章梓 費公直 朱少屏

0215. 楊 愷

0215. 楊愷（1884—?），號元伯，浙江烏程（今湖州）人。1912年2月21日由費公直、柳亞子、吳相融、蔡寅介紹入社，入社書編號215。

南社入社書 元年二月三十日

姓名	楊愷 號元伯
年歲	二十九歲
籍貫	浙江湖州府烏程縣
居址	湖州府城內北街
通訊處	全上
介紹人	費天健 柳棄疾 吳豹軍 蔡冶民

0216. 李大鈞

0216. 李大鈞（1884—？），號鵬程，四川長壽(今重慶市長壽區)人。1912年2月21日由費公直、蔡寅、柳亞子介紹入社，入社書編號216。

南社社友錄

南社入社書 元年二月 [印]

姓名	年歲	籍貫	居址通訊處	介紹人
李大鈞 號鵬程	二十九歲	四川重慶府長壽縣人	上海三馬路晝錦里二十九号	全上

費天健 [印]
蔡冶民
柳亞廬

0217. 徐宗鑒

0217. 徐宗鑒（1882—？），字粹庵，號維公，別號惕僧、笑梅、玉梅、倜儻生，江蘇常熟人。1912年2月21日由費公直、柳亞子、鄒銓介紹入社，入社書編號217。

南社社友錄

南社入社書 壬子年二月廿日

姓名	年歲	籍貫	居址	通訊處	介紹人
徐宋鑑 字梓廎 飛錐公 別號暢僧 笑餘 個儢玉生	三十一歲	江蘇常熟	常熟大東門外西越東街仁和聖七浣市鎮	常熟西門外世橋陶萬雲磚瓦行內 費公直	柳棄疾 鄒亞雲

0218. 余 沅

0218. 余沅（1884—1964），字芷江，別號瀛帆，上海人。1912年2月26日由費公直、朱少屏、柳亞子介紹入社，入社書編號218。早年東渡日本留學、考察。1957年受聘爲上海市文史研究館館員。著有《共和關鍵錄》。

南社社友錄

南社入社書 元年二月廿六日

姓名	余沆 芷江
年歲	二十六
籍貫	上海
居址通訊處	西門內愛文義路八百高蒙街號伍寓衍慶里
介紹人	費公直 朱少屏 柳棄疾

南社社友錄

0219. 林學衡

  0219. 林學衡（1897—1941），原名學衡，後更名庚白，字浚南，號愚公，又號摩登和尚，別署眾難、子樓主人，福建閩縣（今閩侯）人。1912年2月27日由林之夏、陳子範、柳亞子介紹入社，入社書編號219。1911年與梁漱溟、李石曾等同創京津同盟會，並任文事部副部長。後至上海與林森、陳子範等創立"鐵血剷除團"。1912年與呂志伊等創辦《民國新聞》，又為《民立報》撰稿。後主持《民國報》筆政。曾任中國大學及北京俄文專修館法學教授、北京政府憲法起草委員會秘書長暨國會眾議院議員。1924年主辦《復報》。1932年任國民政府立法院立法委員。1933年在上海創辦《長風》半月刊。著有《林庚白集外詩》、《空前詞》、《麗白樓自選詩》、《麗白樓詩話》、《麗白樓遺集》等。

南社社友錄

南社入社書 元年二月廿日

姓名	年歲	籍貫 居址 通訊處	介紹人
林學衡 字浚南 一字愚公	十九	福建閩縣南關板扳橋外螺洲閩村路鄉獅仔正脩甲五十一號遞 楓佳斯同上	林源生 陳勒生 柳亞盧

0220. 蔣　信

0220.蔣信（1875—？），字幼士，號蔣山，福建閩縣（今閩侯）人。1912年2月27日由林之夏、陳子範、柳亞子介紹入社，入社書編號220。

南社社友錄

南社入社書 元年二月廿七日

姓名	年歲	籍貫	居址	通訊處	介紹人
蔣信 號竺 別字蔣山	卅八	福建閩縣	玖虧街封路正修里三十一號	同上	林瀀生 陳勒生 柳亞盧

0221. 黄 侃

0221. 黃侃（1886—1935），幼名緒琳，譜名喬馨，學名喬鼐，後改名侃，字季剛、季子，號運甓，別署病禪、病蟬、量守居士等，湖北蘄州（今蘄春）人。1912年3月1日由柳亞子、陳陶遺、葉楚傖介紹入社，入社書編號221。1903年考入武昌文普通學堂。1905年留學日本早稻田大學，加入中國同盟會。1910年秋回國，在鄂、皖之間組織孝義會。1911年參加共進會與文學社。辛亥革命前夕在漢口與人創辦《大江報》。1912年主辦《民聲日報》。1913年出任直隸都督府秘書長。1914年秋應聘爲北京大學文科教授。1919年與劉師培創辦《國故》月刊。著有《聲韻通例》、《爾雅略說》、《文心雕龍劄記》、《日知錄校記》、《量守居士遺墨》、《量守居士詞集》、《量守居士詩集》等。

南社社友錄

南社入社書 壬子年二月一日

姓名	年歲	籍貫	居址	通訊處	介紹人
黃侃 字季剛	廿七歲	湖北蘄州		湖北蘄州勸學所轉 上海大共和日報汪旭初轉	柳棄疾 陳陶遺 葉□

0222. 劉瑗

0222.劉瑗（1886—1912），字崑孫，號仲遽，湖北黃安(今紅安)人。1912年3月4日由黃侃、柳亞子、陳陶遺介紹入社，入社書編號222。

南社社友錄

南社入社書 壬子年三月四日

姓名	劉瑗 字崑孫 又字仲遜
年歲	二十七歲
籍貫	湖北黃安
居址 通訊處	湖北黃安八里灣郵政分局專送大劉家灣六平范堂 又上海四馬路六藝書報館汪旭初轉
介紹人	黃侃 槃奇疾 陳道一

0223. 吳修源

0223. 吳修源（1884—？），字漢歎，號信三，又號省三，江蘇金山（今上海市金山區）人。1912年3月5日由柳亞子、陳陶遺、俞鍔介紹入社，入社書編號223。

南社社友錄

姓名	年歲	籍貫	居址	通訊處	介紹人
吳修源	二十九	江蘇金山	松江車行內下塘	滬學宮昌詭40號	柳陞飴

南社入社書 元年三月 日

0224. 曾延年

0224. 曾延年（1874—1937），字孝穀，號存吳，一作存吾，四川成都人。1912年3月6日由李叔同、朱少屏、俞鍔介紹入社，入社書編號224。1906年留學日本東京美術學校西洋畫科。1907年與李叔同、陸鏡若等創辦春柳社，參與演出《茶花女》；1911年畢業後入西洋畫科研究科學習。1912年任《太平洋報》編輯，與葉楚傖、柳亞子、朱少屏、李叔同等成立文美會。

姓名	曾延年 孝穀
年歲	三十八歲
籍貫	四川省成都縣
居址	上海北浙江路華典坊 五街桐鄉柴石館
通訊處	全上
介紹人	李未 息乃 霜庁 俞劍華

0225. 秦鑄花

0225.秦鑄花（1887—？），江蘇清河（今淮安市淮陰區）人。1912年3月11日由柳亞子、周偉、夏煥雲介紹入社，入社書編號225。

南社社友錄

南社入社書 元年三月十八日

姓名	年歲	籍貫 居址 通訊處	介紹人
秦鑄花	二十六	江蘇淮安府清河縣王家營南門內粮食街巷東頭	王家營南門內粮食街永寧巷東頭 柳安如 周人菊 夏倬夫

0226. 鄭寶善

0226. 鄭寶善（1885—1941），字楚珍，一字楚箴，山西屯留人。1912年3月12日由陳家鼎、景耀月、朱少屏介紹入社，入社書編號226。中國同盟會會員。1906年畢業於山西大學堂。1907年考取官費留學英國，入設菲爾德大學專攻採礦冶金。著有《鐵世界》。

南社社友錄

南社入社書 入社年三月二日

姓名	鄭寶羨 楚珍
年歲	二十八歲
籍貫	山西 潞安府 潞縣
居址	上海 山西路 四川路 一號 百廿八號寓
通訊處	上海 山西路 保晉公司事務所
介紹人	陳漢元 葉耀月 朱少屏

0227. 陳家鼎

0227.陳家鼎（1880—1970），字壽元，湖南寧鄉人。1912年3月12日由景耀月、柳亞子、朱少屏介紹入社，入社書編號227。1902年考入湖北武昌武普通學堂，後留學日本。1905年加入中國同盟會。民初供職於上海愛國女校。1913年先後就讀於早稻田大學政治經濟科及日本法政大學。1918年被任命爲廣州大元帥府中將參軍。1921年參加在長沙成立的湖南俄羅斯研究會。1922年北伐時任大本營勞工宣傳委員。1927年任國民革命軍總司令部參議、畿南軍第五師師長。1928年被選爲國民黨上海市黨部宣傳委員。

南社社友錄

南社入社書 之年三月十二日

姓名	陳家鼐 字壽元
年歲	二十八歲
籍貫	湖南長沙府寧鄉縣人
居址	上海四川路八十號一二百跡共和坊代室
通訊處	上海南寧鄉果城彭復咸商教祿 愛國女學校
介紹人	景耀月 柳棄疾 朱葆康

0228. 梁　龍

0228. 梁龍（1888—1968），字雲松，一字雲從，西名 Lone Liang，廣東嘉應州（今梅州市）人。1912年3月12日由葉楚傖、朱少屏、柳亞子介紹入社，入社書編號228。中國同盟會會員。早年就讀於松口公學，辛亥革命後赴上海與姚雨平等創辦《太平洋報》。後赴英國劍橋大學、愛丁堡大學習法學。1925年曾任國憲起草委員會委員。1928年任國民政府外交部條約委員會委員。歷任駐捷克公使館代辦、羅馬尼亞公使、英國代理公使等職。二戰後擔任駐瑞士公使和捷克大使。

南社社友錄

南社入社書 元年三月十二日

姓名	梁雲松
年歲	二十五歲
籍貫	廣東嘉應州
居址	
通訊處	汕頭松葉楚傖口恆豐朱少屏號 柳亞盧
介紹人	

南社社友錄

0229. 楊　銓

　　0229. 楊銓（1893—1933），字衡甫，一字宏甫，號杏佛，別署死灰，江西清江(今樟樹市)人。1912年3月12日由柳亞子、雷鐵厓、俞鍔介紹入社，入社書編號229。1908年考入上海吳淞中國公學，參加中國同盟會。1912年任南京民國臨時政府大總統府秘書處收發組組長。1913年10月留學美國，入紐約康奈爾大學習機械工程，又入哈佛大學攻讀工商管理學、經濟學、統計學等。1914年在美國與胡明復、趙元任、任鴻雋等組織中國科學社，編輯出版《科學》雜誌，並擔任第一任編輯部長。1918年任漢陽鐵廠會計處成本科科長。1924年10月擔任孫中山秘書。1925年創辦《民族日報》。1926年與惲代英等發起成立中國濟難會。1927年參加上海工人第三次武裝起義，同年擔任南京國民政府大學院教育行政處主任。1932年參與宋慶齡、蔡元培、魯迅、林語堂、胡愈之等發起成立的中國民權保障同盟，任執行委員、副會長兼總幹事。著有《楊杏佛文存》、《楊杏佛講演集》、《戰爭與科學》、《代議制與中國之亂源》、《思想界與中國今日之禍亂》、《電學略史》等。

南社社友錄

南社入社書 民國元年三月十日

姓名	年歲	籍貫	居址	通訊處	介紹人
楊銓 字杏佛 字灰孔	廿歲	江西臨江府清江縣	流寓上海	無定 隨時應轉	柳亞廬 唐鐵崖 俞劍華
			君亞正共交		

0230. 汪　洋

0230. 汪洋（1881—1921），字子實，號影廬，別署影生、破園，安徽旌德人。1912 年 3 月 13 日由陶小柳、朱少屏、葉楚傖介紹入社，入社書編號 230。曾在《東三省日報》、《中華民報》主筆政。民國初年任職於上海《民權報》。著有《影生雜記》、《西湖四日記》、《息影枝譚》、《臺灣》等。

南社社友錄

南社入社書 ○○年○月○○日

姓名	年歲	籍貫	居址	通訊處	介紹人
汪澤 字子實	三十二	安徽旌德 縣	上海英租界仁壽里四號 本社	同上	唐英 陶牧 朱少屏 葉楚傖

0231. 王錫民

　　0231. 王錫民（1889—1977），廣東嘉應州（今梅州市）人。1912年3月13日由葉楚傖、朱少屏、柳亞子介紹入社，入社書編號231。

南社社友錄

南社入社書 元年三月十三日

姓名	王錫民
年歲	二十四
籍貫	廣東嘉應州
居址	上海太子淳邨郵館
通訊處	上海太平洋邨郵館
介紹人	葉楚傖 朱少屏 柳亞盧

0232. 黎庶從

0232. 黎庶從（1889—？），號世南，廣西武宣人。1912年3月13日由譚介圃、陳柱、曾鏞介紹入社，入社書編號232。

南社入社書 元年三月十七日

姓名	年歲	籍貫	居址通訊處	介紹人
蔡痩霞 張世南	二十四歲	廣西武宣縣人	上海法大馬路廣西會館自治 武宣縣城 廣西梧州進局	譚公夫 陳桂尊 曾孟鳴

0233. 姚雨平

　　0233. 姚雨平（1882—1974），原名宇龍，字雨平，號漢強，又號立人，廣東平遠人。1912年3月13日由葉楚傖、朱少屏、柳亞子介紹入社，入社書編號233。1905年考入汕頭嶺東同文學堂。1907年加入中國同盟會。1911年4月與黃興、趙聲等策劃、組織廣州黃花崗起義；廣州光復後組織廣東北伐軍，任總司令。1912年與宋教仁一起主辦《太平洋報》。1922年任中央直轄警備軍司令。1924年任廣東省治河督辦。後任廣州國民政府軍事參議、監察院監察委員、政府顧問等職。1950年任廣東省人民政府參事室主任，後被選爲廣東省政協常務委員、民革中央委員，並被聘爲廣東省文史研究館館員。1953年出任中國佛教協會理事。1956年參與發起籌組廣州市佛教協會，並任第一、第二屆會長。著有《武昌起義後粵軍北伐始末》。

南社社友錄

南社入社書 元年三月十二日

姓名	姚雨平
年歲	
籍貫	廣東
居址	南京碑亭巷上海太平洋報館
通訊處	上海太平洋報館
介紹人	葉楚傖 朱少屏 柳亞盧

0234. 汪　東

　　0234. 汪東（1890—1963），原名東寶，字叔初，後改名東，改字旭初，號夢秋，別號寄生、寄庵，別署寧庵，江蘇吳縣（今蘇州市吳中區）人。1912年3月13日由黃侃、柳亞子、葉楚傖介紹入社，入社書編號234。1905年留學日本成城學校、早稻田大學預科和哲學館；同年參加中國同盟會成立大會，並任《民報》主筆。1910年任上海《大共和日報》總編輯和《民聲日報》編輯，爲《民報》主要撰稿人。1913年後歷任北京政府大總統府法政咨議、北京政府內務部僉事、內務部編訂禮制會員、政事堂禮制館嘉禮主任等職。1923年與章太炎等創辦《華國月刊》。1925年任江蘇省長公署秘書。1927年起任中央大學文學院中文系教授兼主任、東南大學文學院院長。1947年任國民政府國史館纂修。新中國成立後，曾任上海市文物保管委員會委員兼中國畫院籌備委員、蘇州市人民委員會委員。著有《唐宋詞選》、《法言疏證別錄》、《吳語》、《夢秋詞》、《詞學通論》、《汪旭初先生遺集》五卷等。

南社社友錄

南社入社書 元年三月十三日

姓名	汪東
年歲	二十二
籍貫	蘇州
居址通訊處	大共和報館
介紹人	黃侃 劉柳亞（印） 葉楚傖

南社社友錄

0235. 馬 和

0235. 馬和（1881—1940），原名道凝，一名同，字厚山，一字貴公，號君武，別署歐化、楊行老圃，廣西桂林人。1912 年 3 月 20 日由葉楚傖、柳亞子、李懷霜介紹入社，入社書編號 235。1901 年冬赴日本東京帝國大學留學，1902 年創辦《翻譯世界》雜誌。1903 年幫助浙江籍留日學生創辦《浙江潮》。1905 年參與籌組中國同盟會，任總部秘書長兼廣西同盟會支部長。1907 年赴德國柏林工業大學習冶金。1912 年任南京臨時政府實業部次長、代理總長，參與起草《中華民國臨時約法》。1917 年任護法軍政府交通部長、海陸軍大元帥府秘書。1921 年 5 月任孫中山非常大總統府秘書長，旋任廣西省省長。1924 年起先後任上海大夏大學校長、北京工業大學校長。1925 年 12 月任北京政府司法總長。1927 年初創辦廣西大學。1930 年任上海中國公學校長。抗日戰爭爆發後，任國防最高委員會參議、國民參政會參政員。著有《俄羅斯大風潮》、《德華字典》、《馬君武詩稿》、《微分方程式》、《有機化學》，翻譯有《人類原始及類擇》、《物種起源》第一部、《自然創造史》（海克爾）、《國計民生政策》（菲里波維）、《心獄》（托爾斯泰）等。

南社社友錄

南社入社書 元年三月 日

姓名	馬君武
年歲	三十一
籍貫	桂林府
居址通訊處	上海 愛而近路 徠徠後 同浦上 徠徠徠堂
介紹人	葉葉 柳柳 李懷霜

南社社友錄

0236. 吳　梅

　　0236. 吳梅（1883—1939），字瞿安、臞庵，號霜厓、霜崖，別署逋飛、厓叟、東籬詞客等，江蘇吳縣（今蘇州市吳中區）人。1912 年 3 月 20 日由柳亞子介紹入社，入社書編號 236。爲清諸生。1903 年赴上海東文學社習日文。1904 年爲《二十世紀大舞臺》撰稿。1905 年至東吳大學堂任教習。辛亥革命後任江蘇省立南京第四師範學校、上海民立中學教員。1917 年後歷任北京大學、北京高等師範學校、東南大學、中山大學、中央大學、金陵大學、上海光華大學等校教授。曾參加春音詞社、潛社、琴社、六一詞社等。撰有傳奇《血花飛》、《軒亭秋》、《風洞山》、《血花飛》、暖香樓》、《湘真閣》、《萇虹血》及《小桃紅》套曲。著有《曲學通論》、《中國戲曲概論》、《元劇研究 ABC》、《遼金元文學史》、《中國戲曲史》、《霜厓詩錄》、《霜厓詞錄》、《曲錄》、《文錄》、《讀書錄》等。

南社社友錄

南社入社書 民國元年三月廿日

姓名	吳梅
年歲	三十
籍貫	蘇州
居址	蘇城蒲林巷九號
通訊處	
介紹人	柳亞子

0237. 王葆楨

0237. 王葆楨（1872—1923），字漱巖，浙江黃巖（今台州市黃巖區）人。1912年3月20日由黃賓虹、蔡哲夫介紹入社，入社書編號237。著有《南洋勸業會雜事詩三十首》。

南社社友錄

南社入社書 中華民國卅年三月廿日

姓名	王篠楨
年歲	四十一
籍貫	浙江黃巖縣
居址	縣陳鄉徐山後洋村
通訊處	由神州館轉樸黃丞轉
介紹人	黃質蔡有守

0238. 張　繼

0238. 張繼（1882—1947），原名溥，字溥泉，別署自然生、黃帝子孫之多數人，直隸滄州(今河北滄州)人。1912年3月23日由陳家鼎、柳亞子、景耀月介紹入社，入社書編號238。1899年留學日本東京善鄰書院、早稻田大學，後與王寵惠等創辦《國民報》月刊。1902年與秦毓鎏等組織青年會。1903年與黃興、鈕永健等組織拒俄義勇隊，與章士釗、陳去病等創刊《國民日日報》。1904年與黃興等在長沙創立華興會。1905年在日本參與組建中國同盟會，任同盟會總部司法部判事；編輯與發行《民報》。1908年赴法國，與吳敬恒、李石曾等創辦《新世紀週刊》雜誌。1912年被推爲南京民國臨時政府參議院議員。1913年被選爲第一屆國會參議院議長。1917年任護法軍政府駐日本代表。1918年返國後歷任國民黨宣傳部長、國民黨華北辦事處主任。1923年參加上海停雲書畫社、歲寒集。1924年1月被選爲國民黨"一大"中央監察委員會委員。有《張溥泉先生全集》。

南社社友錄

南社入社書 元年三月廿三日

姓名	張繼
年歲	三十一歲
籍貫	天津府滄州
居址通訊處	現寓四川路百二十八號民立報館 天民日報筆者加玉
介紹人	陳漢之 柳亞廬 景耀月

0239. 許文韶

0239. 許文韶（1883—？），字伯奇，浙江海寧人。1912年3月27日由費公直、鄒銓、柳亞子、周亮才介紹入社，入社書編號239。

南社社友錄

南社入社書 元年三月 芝印

姓名	許久龕 伯奇
年歲	三十歲
籍貫	浙江杭州府海寧州
居址	滬上島德路里五十號
通訊處	同上
介紹人	費公直 鄒亞雲 柳棄疾 周凡九

南社社友錄

0240. 高 燮

　　0240. 高燮（1879—1958），字時若，號吹萬，又號寒隱，別署志攘、黃天，江蘇金山(今上海市金山區)人。1912年3月31日由柳亞子介紹入社，入社書編號240。1903年與高旭、高增共同創辦覺民社，出版《覺民》月刊。1906年參加國學保存會。1908年組織寒隱社。1912年曾被選爲《南社文選》編輯員，但不願就職；同年與姚光、高旭、胡樸安等成立國學商兌會，出版《國學叢選》。1917年曾被廣東分社蔡哲夫等推爲南社主任；同年建造寓所閑閑山莊，並將國學商兌會由張堰姚宅移入山莊。1918年任金山縣修志總纂、張堰圖書館董事。1930年被聘爲金山縣文獻委員會主任。1948年被聘爲上海市文獻委員會顧問。著有《吹萬樓集》、《吹萬樓日記》、《莊子通釋》、《讀詩剳記》、《詩通解序》等。輯有《素心箋集》（顧遠香遺著）、《國學叢選》、《詩經大義》、《吳日千集》、《金山邑誌》等。

南社社友錄

南社入社書　元年三月卅一日

姓名	年歲	籍貫	居址	通訊處	介紹人
高燮	三十	江蘇金山	張堰	山轉秦	柳安如

0241. 易昌楣

0241. 易昌楣（1873—？），號倩愚，四川富順人。1912年4月1日由雷鐵厓、張光厚、陽兆鯤介紹入社，入社書編號241。

南社社友錄

南社入社書 元年四月一日

姓名	年歲	籍貫	居址通訊處	介紹人
易昌橒 號倩愚	四十	四川富順縣人	本邑西鄉富源庄 本縣勸學所轉	雷鐵厓 張光厚 陽兆鯤

0242. 陳萬里

0242. 陳萬里（1892—1969），字劍魂，號優優，江蘇吳縣（今蘇州市吳中區）人。1912年4月2日由陳去病介紹入社，入社書編號242。

南社社友錄

南社入社書 九年四月二日

姓名	年歲	籍貫	居址通訊處	介紹人
陳劍魂	二十歲	吳縣	封門內 廟弄 七十二號 坊巷 全居址	陳佩忍 先生

0243. 蘇玄瑛

　　0243.蘇玄瑛（1884—1918），原名宗之助，後更名戩，字子穀；出家後法號曼殊，別署燕子山僧等，廣東香山（今中山）人。1912年4月5日由柳亞子介紹入社，入社書編號243。1898年回日本求學，先入橫濱大同學校習美術，1902年轉入成城學校習陸軍，1903年入早稻田大學高等預科習政治。曾參加留學生革命團體青年會、拒俄義勇隊。1903年在廣東惠州削髮爲僧。先任教於蘇州吳中公學，後任上海《國民日日報》譯述，與陳獨秀同譯雨果名著《慘社會》。1904年任教於長沙實業學堂、明德學堂、上海江南陸軍小學堂等校。在上海加入光復會。1907年在日本與幸德秋水等組織亞洲和親會。1909年任爪哇中華會館英文教員。辛亥革命後任《太平洋報》撰稿人。1913年發表《反袁宣言》。著有《斷鴻零雁記》、《絳紗記》、《碎簪記》。

南社社友錄

南社入社書 元年四月五日

姓名	釋曼殊
年歲	二十九
籍貫	廣東香山
居址	日本逗子櫻山村
通訊處	太平洋柳亞盧轉
介紹人	柳亞盧

0244. 夏昌熾

0244.夏昌熾（1890—1970），字光禹、光宇，江蘇青浦(今上海市青浦區)人。1912年4月5日由葉楚傖、沈文傑、柳亞子介紹入社，入社書編號244。早年入江蘇高等學堂，1910年畢業，旋入京師大學堂習土木工科。民初協助葉楚傖辦《太平洋報》。1915年作爲巴拿馬萬國博覽會中國交通部的代表出席萬國工程師大會，任國際水利會議中國代表。

姓名	夏光昌禹幟
年歲	二十三
籍貫	江蘇青浦
居址通訊處	青浦南門大汪平巴洋報
介紹人	楚傖 龍生 亞盧

0245. 沈　機

0245. 沈機（1888—？），字履夷，號天民，浙江嘉善人。1912年4月6日由柳亞子、鄒銓、吳相融、馮心俠、費公直介紹入社，入社書編號245。

南社社友錄

南社入社書 元年四月六日

姓名	年歲	籍貫	居址	通訊處	介紹人
沈履貞	二十五	浙江嘉興	楓涇鎮西門外	江蘇教育總會汝仁慶里八十號	柳安如 鄔亞雲 吳韜軍 馮復蘇 天建先生

0246. 夏光鼎

0246. 夏光鼎（1875—約 1914），字笑龕，號笑盦，上海人。1912 年 4 月 7 日由李叔同介紹入社，入社書編號 246。

南社社友錄

南社入社書 元年四月七日

姓名	年歲	籍貫	居址	通訊處	介紹人
聶光鼎 笑龕	三十八	江蘇上海	左東門外王家嘴頭新街三多里卅二號	仝上	李叔同

0247. 廖麟年

　　0247.廖麟年（1879—1955），字味蓉，江蘇奉賢（今上海市奉賢區）人。1912年4月11日由朱少屏介紹入社，入社書編號247。清末留學日本東京弘文學院師範科，回國後曾當選爲奉賢縣衆議會議員。

南社社友錄

南社入社書 元年四月十一日

姓名	年歲	籍貫 居址 通訊處	介紹人
廖麟 字 味蓉	三十三	江蘇奉賢南門內 奉賢居地全	朱葆康

0248. 張家珍

0248. 張家珍（1881—？），字聘齋，江蘇金山（今上海市金山區）人。1912年4月11日由朱少屏介紹入社，入社書編號248。著有《鵑唳草》。

南社社友錄

南社入社書 元年四月十一日

姓名	年歲	籍貫	居址	通訊處	介紹人
張家珍 字聘齋	三十二	江蘇金山	朱涇	松江城內清華女校	朱葆康

0249. 衛克強

0249. 衛克強（1879—？），字銳鋒，浙江仁和（今杭州）人。1912年4月11日由朱少屏介紹入社，入社書編號249。

南社社友錄

南社入社書 元年四月十二日

姓名	衛克 強字銳鋒
年歲	三十四
籍貫	浙江仁和
居址	松江西門外
通訊處	松江軍政分府總務處
介紹人	朱葆康

0250. 顧葆康

0250.顧葆康（1878—？），字稼軒，江蘇華亭（今上海市松江區）人。1912年4月11日由朱少屏介紹入社，入社書編號250。早年留學日本，參加中國同盟會。歸國後任松江清華女校教員。

南社社友錄

南社入社書 元年四月十一日

姓名	年歲	籍貫 居址	通訊處	介紹人
顧保 康 字 稼軒	三十五	江蘇松江華亭縣東門內中清華女校	松城朱葆康	

0251. 周　斌

0251. 周斌（1878—1933），字志頤，一字子怡，又字子畦，號芷畦，別署汾南漁俠、汾南漁隱，浙江嘉善人。1912年4月14日由陳去病、李雲夔、顧彥祥介紹入社，入社書編號251。1912年任浙江省議會議員。輯著有《柳溪詩徵》六卷、《柳溪竹枝詞》、《燕遊草》、《燕遊續草》、《臺宕遊草》、《探梅遊草》等。

南社社友錄

南社入社書 元年四月十四日

姓名	年歲	籍貫	居址	通訊處	介紹人
周斌 芷畦	三十五	嘉善	陶庄鎮	現在杭州蒲場巷民政司禁煙課	陳佩忍 李右銘 顧振庠

0252. 汪文溥

0252.汪文溥（1869—1925），字幼安，號蘭皋，別號懺庵，江蘇武進（今常州市武進區）人。1912年4月14日由柳亞子、朱少屏、葉楚傖、寧調元介紹入社，入社書編號252。先後參加興中會和民社、鷗社。1898年任《蘇報》主筆。1903年任醴陵縣令。1912年主持《中華實業叢報》、《民聲日報》等。著有《汪文溥日記》、《桃源痛史》等，編有《來臺集》、《梅陸集》。

南社社友錄

南社入社書 民國元年四月十曰

姓名	汪幼安 名文溥 別號 蘭皋戲庵
年歲	四十三年
籍貫	江蘇常州
居址通訊處	上海白克路脩德里 仝上
介紹人	柳亞如 朱少屏 葉楚傖 寗太一

0253. 楊曾蔚

0253. 楊曾蔚（1880—？），字古霞，號少石，河南大梁(今開封)人。1912年4月15日由寧調元、柳亞子、葉楚傖、朱少屏介紹入社，入社書編號253。

南社社友錄

南社入社書 元年四月十五日

姓名	年歲	籍貫	居址通訊處	介紹人
楊曾蔚 別字 古霞 號少石	三十三	大梁	國權報館 民立報舘	甯調元 柳亞盧 葉葉 朱少屏

南社社友錄

0254. 項 驤

    0254. 項驤（1880—？），字偉人，一字微塵，浙江瑞安人。1912年4月16日由朱少屏、寧調元、柳亞子介紹入社，入社書編號254。爲光緒甲辰年（1904）進士，南洋公學特班學生。後留學美國紐約大學，取西文名Wiston H.Shan。回國後授翰林院編修、參議廳行走。1912年任財政部參事，兼中國銀行監督、鹽務署參議，1922年改任財政次長。1924年11月被免去職務。著有《說關稅》。

南社社友錄

南社入社書　元年四月十六日

姓名	年歲	籍貫	居址通訊處	介紹人
項驤	卅三	浙江瑞安	上海（暫時）民社本部 瑞安〃〃 北京東門內〃〃 石橋別業〃〃	朱少屏 宥仙雲 柳亞盧

0255. 茅祖權

0255. 茅祖權（1883—1952），字詠薰，江蘇海門人。1912年4月16日由袁圻、劉炎、黃亞康介紹入社，入社書編號255。早年留學日本，加入中國同盟會。民國初年曾在蘇州同盟會支部任職，並被選爲國會衆議院議員。1923年1月被孫中山任命爲國民黨參議。1924年被國民黨第一次全國代表大會選爲中央候補執行委員。後任江蘇省民政長、中央公務員懲戒委員會主任委員、行政法院院長、司法院秘書長、總統府國策顧問等職。

南社社友錄

南社入社書 元年四月十六日

姓名	年歲	籍貫	居址	通訊處	介紹人
茅祖權 詠薰	二十九	海門縣	南通縣川港鎮	蘇州留園湖會同學會支部轉交	袁建侯 劉艾文 黃亞康

0256. 曹鳳笙

0256. 曹鳳笙（1886—1949），字伯鏞，一字百庸，江蘇高郵人。1912年4月17日由周偉、夏煥雲、柳亞子介紹入社，入社書編號256。早年加入同盟會。民初歷任北安市教育會會長、高郵第四學區教育會會長、高郵第三小學校長、嘉興縣政府第一科科長、寶應縣教育局科長、高郵縣第六區區長等職。撰有《周實丹先生遺集序》、《阮夢桃先生遺集序》、《題分湖舊隱圖後》等。

南社社友錄

南社入社書 元年四月十七日

姓名	年歲	籍貫 居址 通訊處	介紹人
曹鳳笙 伯鏞	二十七歲	江蘇省寶應縣高郵縣汜水鎮王營鎮養正小學校	周人菊 夏偉夫 柳亞子

南社社友錄

0257. 楊德鄰

0257. 楊德鄰（1871—1913），一名德麟，字性恂，號宣生，湖南長沙人。1912年4月17日由柳亞子、葉楚傖、朱少屏介紹入社，入社書編號257。1905年留學日本東京法政大學法科習法政，加入中國同盟會。1908年任京師《中央日報》編輯。1909年被推爲湖南省咨議局議員。民初任上海《東方日報》編輯，又爲《民聲日報》成員。著有《國民之聲》、《錦笈珠囊筆記》等。

南社社友錄

南社入社書 元年四月十七日

姓名	年歲	籍貫 居址 處	通訊	介紹人
楊德鄰 字蚍蜉	年四十一歲	湖南長沙人	長沙東鄉 高橋 東方日報	柳安如 葉楚傖 朱少屏

南社社友錄

0258. 仇 亮

0258. 仇亮（1879—1915），原名式匡，字韞存，一作蘊存，號冥鴻，湖南湘陰人。1912年4月18日由寧調元介紹入社，入社書編號258。1903年留學日本東京弘文學院、東京士官學校。1905年加入中國同盟會，被推爲湖南分會會長，並任同盟會機關報《民報》編輯。1912年任南京民國臨時政府陸軍部軍衙司司長。後主辦《民主報》。編輯《二十世紀之支那》、《漢聲》（原名爲《湖北學生界》）、《遊學譯編》等。

南社社友錄

南社入社書 元年四月十八日

姓名	仇亮 韞存
年歲	三十三
籍貫	湖南湘陰
居址	法界寶安里三街十一號
通訊處	北京國風日報轉
介紹人	寗調元

0259. 景耀月

0259. 景耀月（1883—1944），字秋陸，一字秋綠，號太昭、太招，別署帝召、瑞星，山西芮城人。1909年11月由柳亞子、朱少屏介紹入社，1912年4月19日補填入社書，入社書編號259。1904年留學日本早稻田大學習法政。1905年參與中國同盟會的創建，任同盟會山西支部主盟人，並被選為留日同學會主席。1907年與景定成、谷思慎等在東京創辦《晉乘》雜誌。1908年與趙世鈺創辦《夏聲》雜誌。1909年與于右任創辦《民籲日報》。民初被孫中山任命為教育部次長、代理教育總長，兼任南京兩江法政大學堂校長、上海中國公學教授等。1916年組織"政友會"。1917年在山西、河南組織靖國討逆軍，任總司令。著有《新雅頌》。

南社入社書 民國元年四月九日

姓名	景耀月
年歲	三十整
籍貫	山西河東芮城
居址	
通訊處	太平洋報館
介紹人	盧少屏 田桐 柳朱

0260. 汪兆銘

0260. 汪兆銘（1883—1944），字季新，一字桂辛，又字繼新、季辛、季恂，號精衞，廣東番禺（今廣州市番禺區）人。1912 年 4 月 18 日由田桐、景耀月、陳家鼎介紹入社，入社書編號 260。1902 年與朱執信等組織群知學社。1903 年留學日本東京法政大學速成科。1905 年參加中國同盟會成立大會，被推選爲評議部評議長；編輯《民報》。1911 年與楊度在天津組織國事共濟會；並組織成立同盟會京、津、保分會，任會長。1925 年曾代孫中山起草政治遺囑。著有《汪精衛文存》、《汪精衛演講集》、《革命與外交問題》、《帝國主義侵略中國史》、《庚戌被逮供詞》、《雙照樓詩詞稿》等。

南社社友錄

南社入社書 元年四月六日

姓名	年歲	籍貫	居址通訊處	介紹人
汪兆銘 精衛	二十九	番禺	廣東廣州城內都督府	田桐 葉耀月 陳家鼎

0511

南社社友錄

0261. 黃喃喃

    0261. 黃喃喃（1883—1955），北京人。1912 年 4 月 20 日由費公直、李大鈞、蔡寅、景耀月介紹入社，入社書編號 261。早年留學日本。曾參與創辦自由劇團，演出劇目有《鬼士關》、《情天恨》、《社會鐘》、《家庭恩怨記》等。

南社社友錄

南社入社書 元年四月廿日

姓名	喃喃
年歲	三十出
籍貫	北京
居址	本埠
通訊處	新舞台
介紹人	李鵬程 蔡佐民 景大椿

0262. 黃亞君

0262. 黃亞君（1883—1972），女，本名劉雅君，北京人。1912年4月20日由費公直、李大鈞、楊元伯、鄭佩宜介紹入社，入社書編號262。

南社社友錄

南社入社書 六年四月廿日

姓名	黃亞 君
年歲	卅
籍貫	北平
居址通訊處	本埠三馬路書錦里三十號
介紹人	費公直 李鵬程 楊之佑 鄭佩宜

0263. 伍崇學

0263. 伍崇學（1881—1954），字靜廬，號仲文，江蘇江寧（今南京市江寧區）人。1912年4月25日由蘇曼殊、朱少屏、柳亞子介紹入社，入社書編號263。早年入日本東京弘文學院留學，畢業後又進東京高等師範學校理化科。回國後任兩江學務處參事。1913年後歷任北京民國臨時政府教育部視學、教育部普通教育司司長。

南社社友錄

南社入社書 元年四月廿五日

姓名	年歲	籍貫	居址通訊處	介紹人
伍崇學 字靜憲 號仲文	三十二	江蘇	桃源縣東大街第一家	
			仝上	曼殊 朱少屏 柳亞子

0264. 陳世宜

0264. 陳世宜（1884—1959），字小樹，號匪石，別號倦鶴、白下老鶴，江蘇江寧（今南京市江寧區）人。1912年4月25日由柳亞子、朱少屏、蘇曼殊介紹入社，入社書編號264。1906年留學日本修習法律，加入中國同盟會。1908年任教於蘇州江蘇法政學堂。1912年赴南洋檳榔嶼任《光華日報》記者。1913年回國後歷任上海《民權報》、《生活日報》、《民信日報》、《國民日報》、北京《民蘇報》等報記者以及上海《中華新報》、《國民日報》駐北京記者，兼任《申報》特約通訊員。主編《七襄》雜誌。曾參加春音詞社。1923年任北洋政府農商部秘書兼華北大學教授。新中國成立後，被聘為上海市文物保管委員會通訊編纂。著有《宋詞舉》、《聲執》、《南天集》、《舊時月色齋詞》等。

南社入社書 元年四月廿五日

姓名	年歲	籍貫	居址 通訊處	介紹人
陳世宜 号小樹 又字畏石	二十九	江蘇 江甯	市南京絲橫柳巷打銅街百二十号光華日報 朱少屏	柳亞盧 蘇曼殊

南社社友錄

南社社友錄

0265. 諸宗元

0265. 諸宗元（1875—1932），字貞壯，一字貞長，又字長公，號大至、大至居士，別署迦持，浙江山陰（今紹興）人。1909年11月由陳去病、柳亞子、朱少屏介紹入社，1912年4月28日補填入社書，入社書編號265。1904年與黃節、鄧實等在上海創設國學保存會，發刊《國粹學報》。後加入中國同盟會。1929年任國民政府教育部秘書。著有《大至閣詩》、《吾暇堂類稿》、《病起樓詩》、《秦鬟樓談錄》、《心太平室筆記》等。

南社社友錄

南社入社書 元年四月廿八日

姓名	年歲	籍貫	居址	通訊處	介紹人
諸宗元 貞壯	三十七歲	浙江山陰		上海四馬路國粹學報社	陳去病 柳亞廬 朱少屏

0266. 許 鑄

0266. 許鑄（1881—？），字演素，浙江瑞安人。1912年5月4日由陳去病介紹入社，入社書編號266。

南社社友錄

南社入社書 元年五月四日

姓名	年歲	籍貫	居址	通訊處	介紹人
許鑄 字演素	三十二	浙江瑞安	浙江瑞安城南陽殷廊漁篁街或寄杭州羊壩頭不動產登記總處亦可	杭州興忠巷平	陳去病

0267. 邢啟周

0267. 邢啟周（1888—？），字知鼏，號志漢，浙江嵊縣（今嵊州）人。1912年5月7日由高旭、陳去病介紹入社，入社書編號267。

南社社友錄

南社入社書 元年五月七日

姓名	邢啟周 号知鼎
年歲	二十五歲
籍貫	浙江嵊縣
居址	嵊縣太平鎮
通訊處	浙江新昌縣澄潭鎮警察分署 陸續隨時報告
介紹人	高慧子 陳佩忍

0268. 姚錫鈞

　　0268. 姚錫鈞（1892—1954），字雄伯、容伯，號鵷雛，別號宛若、龍公、紅豆詞人，江蘇華亭(今上海市松江區)人。1912年5月9日由柳亞子、陳陶遺、葉楚傖介紹入社，入社書編號268。早年入松江府中學堂，畢業後入京師大學堂。辛亥革命後先後編輯過《太平洋報》、《民國日報》、《申報‧自由談》等報刊，主編過《江東》、《七襄》、《春聲》等文藝刊物；參加國學商兌會、文學研究會、京江曲社，組織七襄社等。著有《蒼雪詞》、《沈家園》傳奇、《春盫豔影》、《恬養簃詩》、《龍套人語》、《鴛鴦譜》傳奇等。

南社社友錄

南社入社書 元年五月九日

姓名	年歲	籍貫 居址 處	通訊	介紹人
姚錫鈞 雄伯	廿一歲	江蘇松江華亭	松江西門外祭江亭報社	太平洋 柳亞廬 陳道一 葉楚傖

0269. 鄧樹南

0269.鄧樹南(1877—1925),一名樹楠,廣東梅縣(今梅州市梅縣區)人。1912年5月9日由王錫民、葉楚傖、姚雨平介紹入社,入社書編號269。

南社社友錄

南社入社書 元年五月九日

姓名	鄧爾疋
年歲	三十五
籍貫	廣東梅縣
居址	南洋瓜亞泗水埠彰公司
通訊處	仝上
介紹人	王錫民 葉楚傖 姚雨平

0270. 周湘蘭

0270. 周湘蘭（1889—1923），女，湖南湘陰人。是葉楚傖的元配夫人。1912年5月9日由鄭佩宜介紹入社，入社書編號270。

南社社友錄

姓名	周湘蘭
年歲	四十二
籍貫	湖南湘陰
居址	周莊下塘
通訊處	蘇州周莊下塘
介紹人	鄭佩宜

南社入社書 元年五月九日

0271. 陳輔相

0271.陳輔相（1884—？），字無我，別署老上海，浙江錢塘(今杭州)人。1912年5月9日由柳亞子介紹入社，入社書編號271。著有《臨城劫車案紀實》、《滿麗女郎》、《新再生緣》、《死椅》、《老上海三十年見聞錄》等。

南社社友錄

南社入社書 元年五月九日

姓名	陳輔相 元戎
年歲	二十六歲
籍貫	錢塘
居址	雪宮渡永慶里
通訊處	
介紹人	柳亞如先生

0272. 牛 遯

0272. 牛遯（1879—？），又名檉，字霹生，一字匹遯，江蘇江寧（今南京市江寧區）人。1912年5月11日由葉楚傖、朱少屏、汪洋介紹入社，入社書編號272。

南社社友錄

南社入社書 元年五月十一日

姓名	年歲	籍貫	居址	通訊處	介紹人
牛遜 霹靂生	三十四	江甯	鎮江山巷中龍王巷	本埠江西路民權報	葉楚傖 朱少屏 任子宴

0273. 張 穌

0273. 張穌（1895—?），女，字起亞，浙江吳興（今湖州）人。1912年4月26日由吳素秋、費公直、鄭佩宜介紹入社，入社書編號273。

南社社友錄

南社入社書 元年四月㘦日

姓名	年歲	籍貫	居址	通訊處	介紹人
張黻 字起亞	十八	浙江吳興	南潯鎮	南潯東柵張恒和鞔舖不對交師宅	吳榮 費公直 鄭佩宜

0274. 吳粲

0274. 吳粲（1889—？），女，字素秋，江蘇鎮江人。1912年5月12日由柳亞子、鄭佩宜、朱少屏介紹入社，入社書編號274。

南社社友錄

南社入社書 元年五月十二日

姓名	年歲	籍貫	居址	通訊處	介紹人
吳縈	二十四	江蘇鎮江	周莊北柵六號	全上	柳亞廬 鄭佩宜 朱少屏

0275. 錢文蓉

0275. 錢文蓉（1884—1974），號鏡芙，江蘇常熟人。1912年5月12日由馮心俠介紹入社，入社書編號275。民國初年任常熟女子師範學校教員，後歷任國立中央圖書館編纂、南京圖書館編輯。1957年4月被聘爲上海文史研究館館員。

南社社友錄

南社入社書 元年五月十三日

姓名	年歲	籍貫	居址	通訊處	介紹人
錢文蓉 號鏡芙	二十八歲	常熟	常熟北門內女子師範學校	西黃板橋街蘇第	馮復蘇